心態導向

放棄那些死要面子、完美主義、失敗經驗
帶來的副作用，
從現在開始心態轉彎！

「心態」比你想的更能帶來強大的力量，

態度不僅決定了高度，更能決定你堅持下去的路有多長！

目錄

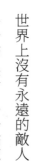

結語

前言

在如今這樣一個浮躁的社會，擁有良好的心態是保證做對事情的前提條件。因為這個世界存在著太多的挫折與磨難，幾乎每個人都可能找出無數個不樂觀、不積極、不勇敢的理由或是藉口。

我們常常以仰望者的姿態欣賞別人的光彩，羨慕別人的榮耀，卻不知道自己何時才能有所成就。所以我們迷茫，我們困惑，變得更加不知所措。在別人成功的影子下，我們獨自舔舐著失敗帶來的傷痛。

如果作為個人，我們的力量或許是渺小無助的——我們無法改變這個世界；但如果我們調整了心態，那麼內心的力量肯定會變得強大起來。人生漫漫旅程，整日的奔波勞碌之苦，讓我們不斷面對著生活、事業、學習的多重壓力，也讓我們無法找到心靈的棲息地。在塵世的紛擾中，因為我們渴望的太多，追求的太多，以致於我們常常迷失自己、忘卻自己。

有很多人，他們在工作中，在生活中覺得很苦很累，所以他們無法體會到快樂。面對挫折，他們悲觀、失望，於是他們就在這些糟糕的情緒下不斷悲傷，而最終的結果也只能使得他們在自己無限放大的痛苦中承受更大的煎熬。而積極的心態會讓更多的人去享受自己所做之事的每一次過程。如果能夠積極的對待每件事，那麼，一定可以從中體會到快樂，最終也必定能在快樂的做事中製造出更大的成果。

在這個充滿名利之爭的世俗社會，人的心態總會在紛繁複雜的世事中發生改變。各種利慾薰心很有可能誘導人們消極的面對生活。如果每個人在面對各種誘惑的時候能夠靜下心，好好的反省一下自己，也許會領略到世界的無限美好。

良好的心態是展示生命的舞臺。每個人所遇到的事情不會件件都讓自己順心如意，也不是每份工作從一開始自己就能完全適應。盡可能的讓自己快樂起來，把所有的事情當成是生命享受的過程，這樣的人生才能獲得更多的樂趣，未來的事業也會走向更光明的康莊大道。

本書主要針對做事情應該擺對心態，從樂觀、自律、謙虛、包容、感恩等諸多方面所遇到的問題和困惑，給出了很好的指導和建議，教會讀者如何正確的調整心態，只有心態調整好了，接下來才能把事情做好。這是一本可以真正讓你變得清醒、理智、聰明與成熟的智慧讀本。

第一章　心態：人生奇蹟的萌發點

其實大多數的人在智力方面並沒有很大的差異，但是為什麼不同的人在面對同一件事情的時候，會表現出如此大的不同？為什麼有些人功成名就，而有些人卻碌碌無為？究其最根本之所在，在於每個人都各自擁有不同的心態。

人生並非是一種無奈，它完全可以透過我們自身的主觀判斷與客觀努力進行適當的掌握與調控。可以說我們的態度不僅直接影響著人生的航向，同時也決定著我們的生活品質。一個人如果一生都能保持良好的心態，那麼他的人生之路也就會越走越寬，生命也必將綻放出更加絢爛的色彩。

心態決定人生，快樂、痛苦你自己說了算

心態有時候會像磁鐵一般，存在著同極相斥、異極相吸的原理。當一個人的思想或是心態被另外一種思想占據或是替代後，那麼最新出現的心態一定會將之前與其相反的心態驅逐出去。比如，樂觀會趕走悲觀，快樂會趕走憂愁，希望會趕走失望。只要心中時刻充滿愛的陽光，那麼痛苦與沮喪也就自然會逃之夭夭。如果能夠長期生活在「愛」的陽光下，那麼這些黑影也將不復存在。

如果每個人心中都存有「我為人人，人人為我」的這些大愛的心態與思想，相信足以喚起周圍更多人生命中最高尚的情操。由此可見，健康快樂的心態不僅能給予我們生命健康、和諧的音律，它的存在更是生命存在的巨大動力。

有一個頭痛症患者譚磊，四年來，他一直承受著頭痛的折磨。每天早上一到六點，就會很準時的開始頭痛，而且一旦痛起來就是那種讓人難以忍受的劇痛。

自從譚磊生病以來，對自己的工作造成了很大的影響，原本自己一天就能完成的任務量，就因為頭部時不時的隱隱作痛，不但延誤了工作進度，還因為自己的這種狀態影響到了身邊的同事，很多和他經常一起解決工作問題的同事也可能會因為他的影響而分神，這樣一來就讓存在的許多問題得不到及時的解決。

生活中的譚磊為了讓自己能夠減輕一些痛苦，他選擇服用大量的止痛藥。於是，在這樣的煎熬中，幾乎譚磊的所有朋友與同事都知道了他有多麼痛苦、難受。後來，譚磊的一位鄰居知道這件事情後，為他介紹了一位著名的心理醫生，希望他能去那裡和心理醫生好好的聊聊。

看到這裡，就有許多人就有些不明白了，為什麼明明屬於生理方面的疼痛卻又被推薦到心理醫師那裡進行診治。後來，經過一段時間的心理治療之後，困擾譚磊多年的頭痛的症狀竟然有了明顯的減輕。等到譚磊再繼續堅持看心理治療一陣子之後，頭痛的毛病居然完全消失了。

後來，譚磊的主治醫師，也就是那位心理治療師告訴譚磊：「你的輕微頭痛導致了你把這種現象當作引人注意或者是接受同情與憐憫的藉口。從而使自己一直在心理方面暗示自己這是一種非常難癒的疾病，久而久之，自己心態上的無法轉變，也就導致了自己頭痛的現象越來越嚴重。」

當譚磊明白了頭痛的原因之後，他才明白了其中的道理。自此之後，每當譚磊出現什麼狀況的時候，他都能不斷地調適自己，盡可能的分散注意力，以便減少因為過度的心理壓力或者心理問題帶給自己不必要的麻煩。

所以，我們的生命就應該表現出真、善、美。如果在你的生命中表現出的是與這些完全相反的東西，我們就應該積極主動的調整自己的心態，盡量使之保持這種最佳的狀態。這樣做的不僅會促進你生活的美滿、工作的成功，更能保證你身體的健康。

那麼對於客觀事物所產生的各種消極反應，都應該作出積極的控制。許多醫學實例證明，醫學界裡的頑疾，如腫瘤、風濕關節炎、心臟病，包括癌症等這些比較難治癒病症的突發，在治療的過程中，醫生們大都發現，其實病患的患病起因不能排除與病人自身的意念與心態有關。因此，這也很有可能作為一種消除疾病的最佳方法。

許多醫生幾乎都見過病人生病的原因並非是生理性的，而是當他們遭遇某些困境或者危險的時候，就會突然生病。

人到中年的胡軍亭，因為夫妻關係不和，於是決定在今年的三月一日與自己的妻子范誼娟離婚。可是當他在二月二十五日做出這個決定後僅僅只是三天的時間，也就是二月二十八日的時候，胡軍亭突然發起了高燒，不但高燒難退，而且還伴隨有上吐下瀉的症狀。儘管去醫院得到了及時的診治，但是，這樣的狀況卻在接下來的日子裡反反覆覆的發生。

實在受不了這樣的折磨之後，胡軍亭又去了一次醫院。等他把自己的詳細狀況告訴主治醫生之後，醫生還詢問了胡軍亭一些生活與工作方面的狀況。胡軍亭有點納悶，他不解的問醫生：「你只要負責給我看病就行，為什麼還如此關注我的私生活？」醫生微笑著告訴胡軍亭：「因為一個人身體的健康狀況除了病理方面出現了病變之外，還與一個人的心理有著密不可分的關係。吃了這麼長時間的藥，也不見好轉，而且病情始終反反覆覆，肯定與你的心理狀態有關。因為這段時間，你的家庭出現了一點狀況，所以，你自己的心理壓力可能比較大，既有對於婚姻生活的失落，也可能是過於擔心自己今後的生活以及來自各方面的社會輿論。所以，離婚帶給你的不再是單純的內心羞辱、焦慮等不安情緒的負面因素，更是身體上的折磨。所以，你應該盡快走出這種心理陰影，否則你的身體狀況也必定會越來越糟糕。」

聽了醫生的一席話之後，胡軍亭才恍然大悟，明白了原來一個人的心態是如此的重要，不但可以影響自己的情緒、做事情的狀態，而且還會給自己的身體帶來如此多的不適。自從這件事情之後，也讓胡軍亭深深的明白了其中的道理，心態也是人生非常重要的東西，一定要擁有一個健康的心態，只有這樣才能擁有一個健康的體魄、快樂的人生。

眾所周知，每個人的心理健康程度完全可以決定其身體健康狀況。良好的心態可以化解煩悶，消除疾病；不良的心態則可以引起某些病痛。醫學研究表明：當人們的腫瘤發生病變的時候，大腦一般都處在高度興奮之中，此時的血壓、心率、代謝等都會發生一系列的變化。那麼，我們每個人都需要注意，一般的病症是可以透過自我控制進行的，只要你保持樂觀輕鬆的情緒，懷著平和的態度，積極配合醫生的治療，大多數的病症完全是可以快速治癒的，這也是病人自身不能忽視的重要因素之一。大多數的人都應該清楚，許多癌症患者，到最後一旦清楚了自己的患病情況，病情就會急劇惡化，這也是因為他們自己知道了真相，完全放棄了求生的信心與意念所致。

因此，生活中無論遇到什麼事都應該始終保持愉快、樂觀的心態。要時刻謹記，只有自己不放棄自己，才有戰勝困難、戰勝疾病的機會。

不同的心態，肯定會有不同的命運

每一個人，都有著各自不一樣的心態，而且一個人所擁有的心態也不可能是一成不變的。它會隨著周遭環境、所遇之人和事的不斷變化而發生變化。人只有在積極健康的心態下才能有正確的思考方式和正確的做事行為。當然，對於一種正確的思考方式來說，單憑一種心態是絕對不夠的，很多時候是需要好幾種心態交織在一起才能完成。

下面的這則小故事就很好的體現了這一點。

清朝咸豐、同治年間，在江蘇一個小地方有位小小的知縣叫吳棠。一天，閒來無事，吳棠便與師爺在屋中下棋。他們正下到高興處時，突然有一下人行色匆匆的前來稟報：「大人，門外來了一位報喪者，說是您的一位好友因患重病，又醫治不及時，已經歿了。他的棺木現在就停在城外的那條大運河邊上。」吳棠聽後，面露些許悲傷。隨後，便讓一個小衙役去給那位好友送去白銀二百兩，並且還再三囑咐小衙役到了之後，一定要轉告家屬等到明日自己一定親自前去為逝者弔唁。

過了一會兒，小衙役辦完吳棠吩咐的事情之後前來覆命。但是從小衙役的口中得知這位逝者似乎與吳棠好友的體貌特徵完全不吻合，再三仔細盤問衙役之後，才曉得這次的二百兩銀子確實是送錯了對象。而這個時候的吳棠真的是非常後悔、氣憤。思索片刻之後，他便立刻命令小衙役前往運河邊討回已經送出的銀兩。

這時，靜靜站在一旁的師爺終於開口說話了：「既然已經送出去的禮金，豈有收回之理呀？如果我們把送出去的銀兩收回來的話，恐怕對知縣您的名聲不太好吧！咱們還不如就做個順水人情罷了。」聽後，吳棠也覺得師爺說的倒也不無道理。自己想開了之後，便與師爺依約第二日一起前去為逝者弔唁。

第二日，等吳棠為逝者弔唁結束之後，便與逝者的家屬閒聊起來，從談話中吳棠得知：這位逝者原來是滿洲人，為其操辦喪事的是逝者的兩個女兒。由於家道中落，飽經世態炎涼的兩個女兒在無人關照的情況下親自護送父親的靈柩歸京。

姐妹二人在路途中的坎坷艱難無人知曉，就在她們快要無法繼續趕路時，他們卻出乎意料之外的收到了白銀二百兩，這不僅從生活方面解決了她們的飢寒之苦，更從心理上給予了她們最大的安慰。就在姐妹二人對這個冷漠的世界喪失希望的時候，正是這位父親的「好友」給她們送去了生活的希望。原來，她們收到銀子的時候，都以為這是父親生前的好友送來的。聽完姐妹二人的哭訴之後，知縣吳棠也不說破，還對姐妹倆表現出殷殷關切之後，便和師爺一起告辭離去。

有句俗語說「十年河東，十年河西」。誰知，命運的轉輪總是在人們的意料之外運轉著。許多年過去了，當時護送父親靈柩的兩個柔弱女子，其中的姐姐成為了歷史上有名的「垂簾聽政」的慈禧太后。

發跡後的慈禧，並沒有因為自己身分地位的改變而忘記曾經給予過她們幫助的小知縣吳棠。她在處理朝政的過程中伺機提拔吳棠，使得吳棠這樣一個小小知縣的官位不斷晉升。如果不是因為吳棠自己本身才疏學淺，沒有多大的本事的話，估計，這位老太后恨不得讓吳棠成為封疆大吏。雖然做不了封疆大吏，但是因為有慈禧太后的庇護，吳棠也做成了赫赫有名的一品巡撫。

這則故事雖小，但寓意深刻。如果當時的吳棠不採取積極的心態思考處理此事，那麼結果也就會有兩種可能：第一種遭人恥笑，面子全無，並且還有可能暴露財產來源不明之嫌；第二種就是遭到那對姐妹的忌恨。以慈禧的性格，日後必定會對其抄家問斬，更甚者還會殃及全族。後來在師爺的提醒下，吳棠就以積極的心態思考，並採取積極的行動處理此事，用二百兩銀子送出一個大大的人情，他的命運也因此而發生了巨大的轉變。

一個人生命的色彩與寬度完全是由自己的思想來定義的，因為每一段生活的歷程，也就是心的體驗；每一件事情的發生，也是一個人思想、判斷的反映。所以請牢記：成功就是從積極的心態開始。如果你的內心已經默認失敗，那麼成功也將永遠離你而去，任何會削弱你力量、信念、智慧和安全感的負面思維，都只能帶給你空虛和彷徨，最終導致你一事無成。

成功需要好心態，心態好成功自然來

一個人成功的關鍵就在於這個人是否能很好的掌握自己的心態。心態，本身就是一把雙刃劍，它既可以成為強勁的武器，摧毀自己；也可能成為溫軟的土地，為自己未來的成長、開花、結果提供一片豐沃的土壤，成就自己。

如果一個人能夠養成正確的思維方式，善於用良好的心態去處理事情的話，就一定能取得圓滿的結局；相反，如果這個人滿腦子的消極思想，那麼，最後也許會一直扮演卑微者的角色。

在相差懸殊的這兩極中間，還生活著很多性格、地位、身分等各不相同的人，但是最終每個人都只能成為自己人格的締造者與生命的主宰。

宗翰是一名普普通通的電器維修工，儘管自己艱辛的生活勉強還過得去，但是距離宗翰的理想生活似乎還差的很遠很遠。一個悶熱的下午，他剛剛下班，在回家的路上，他聽到一位路人說臺北的一家維修公司好像在徵人。厭倦了目前這種生活的宗翰於是決定前去試試，希望自己也能夠找到一份待遇比較高的工作。

星期天的下午，宗翰特意打扮了一下自己，趕最後一班到達臺北的火車，因為面試時間是安排在下週一的。

簡單吃過晚飯之後，宗翰便獨自一人在旅館的房間反思，他把自己經歷過的所有事情如播電影般的在腦海中想了一遍。突然，他感到極度的失落：我並不是一個智商很低的人，也不是一個頭腦愚笨的人，那為什麼至今自己仍然一事無成，而且連個老婆都沒娶到呢？自己越想越難過，越想越痛苦。

思考了一會兒之後，宗翰拿出了一張紙和一支筆，很快的在紙上寫下了幾個好友的名字。這幾個人基本上都是自己認識多年，而且在工作、生活都比自己還要強的人。其中有自己的鄰居、同事、朋友，還有自己曾經帶過的一個徒弟。他將自己與這幾個人分別進行了對比，從目前的狀況來看，自己除了工作比他們差，生活比他們拮据之外，似乎自己真的沒有什麼地方比不上他們呀？不管是從聰明才智方面還是為人處事方面，自己甚至還遠勝過他們。

經過很長一段時間的深切反省之後，宗翰似乎找到了問題的癥結——過去的很多時候，自己都不能很好的控制自己的情緒，很容易衝動、自卑，自己也常常妄自菲薄、不思進取、得過且過。總是覺得自己肯定無法取得成功，常常自我否定的態度讓他自己認為：他是不能夠改變自己的性格缺陷的，就是這一系列的問題一直嚴重的困擾著他。

幾乎一整個晚上，他輾轉反側著進行自我反思。思考之後，於是他便痛下決心改變自己。以後絕不再有自己不如別人的想法，也絕不再自我貶低自我價值，一定要積極的完善自己，盡最大的努力去彌補自己的不足，發揮自己的所長。

第二天一大早，宗翰就信心滿滿的前去面試，結果出乎意料的宗翰竟然被順利的錄用了。後來宗翰回憶時說：「自己之所以能夠順利得到那份工作，與自己前一晚深刻的反思以及自我心理的調整存在著密切的關係。」

在宗翰任職的兩年期間，他不僅為自己建立起了好名聲，而且，所有與其共事的上司與同事也都一致認為宗翰是一個積極樂觀、主動熱情的人。即使在後來的經濟危機之中，宗翰也順利的承受住了市場極度低迷的嚴峻考驗。正是在這個嚴峻的考驗之中，宗翰透過自身的積極調整，迅速成為了同行業中少數可以做成生意的人之一。故而，當公司後來進行結構轉型調整時，不但分給了宗翰可觀的股份，而且還在他原有豐厚的薪資基礎上給他再次加薪分紅。

從宗翰的故事中可以知道，其實並不是所有的成功都來自於你的智力，更重要的是在發現了自己的不足之後，能夠及時調整好自己的心態。只有這樣，才能使自己的事業在不斷的前進中成就自己，最終實現夢想。

掌控自己的心態，讓它跳不出你的手掌心

所有人都擁有自己與眾不同的心態與個性。儘管每個人的心態都有所不同，但是，擁有良好的心態掌控能力卻是需要每個人進行培養的，要盡可能的讓自己成為自己的主人。

生活中，如果總是刻意的追求不現實的東西，只能使人陷於無盡的悲苦之中。俗話說「命裡有時終須有，命裡無時莫強求」。這不是在培養人們消極的世界觀，而是在闡釋生活的真諦——良好心態的重要意義。

有時候，只要擁有樂觀面對現實的良好心態，就一定能夠體會到快樂。記得在上小學的時候，曾學過一篇故事——《漁夫和金魚的故事》。

從前，在海邊的一所破舊不堪的小木屋裡，住著一位捕魚的老爺爺和一位織布的老婆婆。日子一天天的過去了，平淡的日子裡，老爺爺每天的出海撒網打魚，老婆婆每天的在家紡紗織布。一個天色昏暗卻又無風的午後，老爺爺打了一會瞌睡後，收起的漁網裡只有一條金色的小

金魚。出乎意料的是，這不是一條普普通通的小魚，而是一條能開口說話的有著神通的小金魚。但是善良敦厚的老漁翁不要任何報酬的將這條可愛的魚兒放回了大海。後來，老婆婆知道了這件事後，她破口大罵，硬逼著老爺爺去向金魚討要一個新的木盆。金魚滿足了老婆婆的要求。

但是老婆婆依然破口大罵，讓老爺爺再去討要一座嶄新的木屋。金魚又滿足了老婆婆的要求，給了她一座很新的木屋。但是，不講理的老婆婆還是很不客氣的向金魚提出了更多苛刻的要求：老婆婆已經不想再做「平凡的農婦」了，她想做「世襲的貴婦人」。之後還不滿足的要求不想再做「世襲的貴婦人」，要當個「自由自在的女皇」。最後甚至毫不講理的說她已經不想再當「自由自在的女皇」，而要當「海上的女霸王」，並且要小金魚親自侍奉她，聽她使喚。

小金魚一次又一次滿足了老婆婆越來越沒原則的霸道要求之後，老婆婆居然還要金魚親自侍奉她，聽她使喚。這是何等的貪婪，何等的霸道呀！而此時的小金魚真的已經突破了自己的忍耐極限，這次牠不但沒有滿足老婆婆無休無止的非分要求，並且還收回了之前送給她的一切。當老爺爺從海邊回來時，他看到的「仍舊是那所破木屋」，老婆婆面前「還是那個破木盆」。

從這個童話故事中我們不難看出，老婆婆是一個驕橫、兇狠、貪得無厭的人。我們可以透過他們由窮變富、又由富變窮的遭遇得出：心態掌控不好的話，所有的財富到最後都只是一個彩色的泡泡，只有拿捏好擁有財富的力度，才不會讓它跳出你的手掌心。

俗話說：貧賤自有貧賤的樂道，富貴也有富貴的苦衷。辛勤勞作，收獲金秋，這是農家人的樂；美食美色，大腹便便，富貴病纏身，這是富人之苦。然而這苦與樂皆由心態使然。古往今來天下事，常樂源於知足中。知足常樂是人生的崇高境界，是一種心境的修養，更是一種道德的修養。

想要讓自己保持知足常樂的狀態，就應該學會適時的審視自己，讓自己盡量保持一種豁達樂觀的積極心態，盡可能的抵禦不斷襲來的各種誘惑，剔除掉所有想入非非的雜念。

所以，我們如果能夠真正做到「凡事都應順其自然，遇事處之泰然，得意之時安然，失意之時坦然，艱辛曲折必然，歷盡滄桑悟然。」那麼，相信我們一定會感到生活處處皆美好，開開心心樂逍遙。

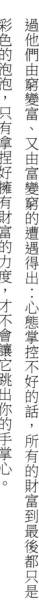

擁有好心態，從錯誤中尋找機會

世界太大，所以在這樣一個紛繁複雜的環境裡存在著太多的不公與差距。然而無論世界如何變遷，世事如何難料，時間都是最公平的個人財富。不論貧富或者貴賤，每個人每一天所擁有的時間都是相等的。

用凡事都有其存在的「相對性」的特點來看待問題的話，每個成功者所取得的成果都不是一蹴而就的，他們在公平的時間面前，積極的尋找每一次可能的機會，並且盡自己最大的努力為這僅有的可能創造出條件。在他們的頭腦裡從來都不會幻想自己如何快速的走上高位，也不會浮現既定的成功。因為他們心中始終明白，如果想要真正的出人頭地，還是需要時間的沉澱。

現在我們常常會聽到許多年輕人抱怨機遇太少。其實細究一下，他們並非真正的是在說機遇少，而是覺得快速成功的門路或是途徑似乎並不多。難道事實就真的像這些年輕人所說的那樣嗎？答案當然是否定的，一位偉大的政治家、法學家曾說過這樣一句話：「最頂層總有空缺。」

真的沒有機遇？絲毫沒有機會？在這世界上，許許多多的孩子最終實現了自己發財致富的夢想，賣報紙的少年竟被選入國會，甚至連出身卑微的人士也曾獲得高位。人生勵志大師卡內基說過：「那些善於利用機會的人，會覺得世界到處都是門路，到處都有機會。」如果我們不能依靠自己的能力享受美好人生的話，那麼同樣的能力既給了強者，也給了弱者。如果只是一味的依賴外界給予的幫助，那麼即使放在眼前的東西，也未必能被看得見或是抓得著。對於一些失意的和遭到貶斥的人，就很有可能覺得機會就會這樣永遠的失去了，自己再也站不起來了。

很多人認為自己生活卑微，離成功似乎很遙遠，他們渴望能在既定的時期內取得理想的生活，但是他們的行動並沒有達到預想的效果。只要善於觀察，每個人的周圍都存在著機會；只要善於傾聽，也都會聽到那些渴求幫助的人越來越微弱的呼救聲；只要擁有一顆仁愛之心，相信每個人都會在提升自我的過程當中慢慢找到可以讓自己出人頭地的工作方式和處事之道。讓所有的人都不再只是為了私人的利益而工作；只要肯伸出自己勇敢的雙手，那麼每一個自己走過的地方都會有事業新天地等待被開拓。

風靡全球的油炸洋芋片，它的發明者是美籍印第安人克魯姆。在一八五三年的時候，當時的克魯姆還在紐約市的一家高級餐廳中擔任一名小小的廚師。一天午後，餐廳裡接待了一位赴美遊玩的法國遊客，在用餐的過程中，這位法國遊客總是不斷的挑剔著端上去的每道菜，尤其是克魯姆為其做出的每道菜品。當這位客人吃到油炸食品的時候，一會說馬鈴薯片切的不夠薄、不夠脆，馬鈴薯片炸的時間明顯不合適，一會又說馬鈴薯片的形狀也切得不夠漂亮，簡直讓人難以下嚥等等之類的話，連一道小小的炸馬鈴薯片都能被這位刁難的顧客挑剔好久。

這時，在廚房裡繼續做菜的克魯姆聽到服務生的轉告後有些失落，因為他覺得在這裡上班這麼長時間，幾乎還從來沒有遇到過今天這樣刁蠻的顧客。但生氣歸生氣，但是克魯姆卻用心的一片一片切著手中的馬鈴薯。他很用心的將手中的切得很薄的馬鈴薯片放進爐上滾沸的油鍋中。終於，鍋中頓時出現了一片金黃色的小薄片，撈出品嘗之後有種入口即化的感覺，加上本身還具有一種非常特殊的風味，簡直是棒極了。這就是到現在還一直流行的美味零食洋芋片的來歷。至今，油炸洋芋片不僅是全世界人們眾口樂道的美味，更是美國國宴中的重要食品之一。

對於所有善於利用機會的人來說，只要發現有潛藏的機會，就一定可以牢牢的抓住，並使機遇的種子生根、發芽乃至結果。成功的機會是無限的，在每一個行業，都潛藏著無數的機會，只是需要有心人在不斷的實踐與錯誤中發現、總結。在每個稍縱即逝的機會面前，只要能夠透過自己的雙手緊緊的抓住它，並且加以很好的利用，相信每個這樣的人都能成為行業的先鋒。

可口可樂是每年銷量驚人的飲料，大家都只是知道它的口味獨到，是解渴提神的好東西，但是幾乎沒有幾個人知道它是怎麼被製造出來的。

據說，有一位曾經居住在美國的藥劑調配師，名叫彭伯頓。他耗費了大半輩子的心血，為的是能夠為人們研發出一種可以控制或者完全可以醫治人們頭痛症的藥物。皇天不負有心人，終於，這種可以減輕病人頭痛的神奇口服糖漿研發成功。配方出來之後，還有一些用藥的注意事項需要明確標注。為了讓自己所帶領的製藥團隊裡的每位成員都能夠對藥效有一個清晰準確的認識，他交代下去，讓每位成員都必須親自去試藥。他也曾一再囑咐成員，在沖泡糖漿的時候必須要用白開水。這樣的話，藥效才能發揮到極致，對於疼痛的控制也能取得最佳效果，而且用白開水稀釋之後相當於變成了一種治療頭痛的口服液，不僅降低了藥物的濃度，而且服用起來也是非常方便的。

於是，藥物研發組的所有成員都開始了自己的試藥過程。其中一位成員卻因為自己的粗心將桌上的蘇打水錯當成了白開水倒了進去。結果，藥劑師的「糖漿」立即發出嘶嘶的聲音，只見上面冒出了許多小小的氣泡。而這位被嚇傻了的成員擔心他們的老師責怪自己，於是仰起脖子，一下子喝掉了那杯因為自己粗心所犯下的錯誤飲品。不料，一喝完杯子中的東西，他不但沒有覺得有什麼不舒服，反而很快的打了好幾個嗝。自己原來脹氣的毛病竟然被這杯自己錯配的東西給治好了。於是，這就成了至今依然聞名世界、年銷量驚人的可口可樂。

每當我們面對困難時，不妨靜下心來問問自己：「這個困難背後有沒有潛藏著巨大的成功或是良好的機遇？」一旦自己在長期的積累中沉澱，再加上自己的勤奮思考，相信一定可以在自家門口掘到金子，那麼出人頭地的夢想也會即刻變成美麗的現實。

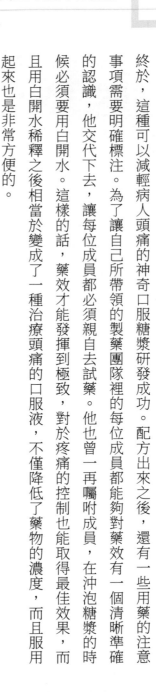

用心做事，事情也會回報你的用心

生活就像爬高山，毫無畏懼的攀登到山的頂峰，是我們每個人的生活信念。大山頂峰的高度並不是永恆不變的，它會根據攀爬者的心理波動、克服困難的決心程度而發生改變。即使那座山再高，那個坡再陡，只要我們用心面對，只要我們有足夠的勇氣，再大的困難都不會成為阻礙攀登者前進的絆腳石。

有這樣一則小小的故事非常值得我們去思考：

珍妮，一個剛剛畢業進入職場不久的女孩，新到公司，她還只是一個小職員。但是，因為知道自己剛進社會，還沒有足夠的工作經驗，所以，對於公司能夠提供為自己這樣一個不斷學習的機會非常感激。於是，珍妮很用心的做著自己份內的工作。

每天她都是第一個到公司，然後會幫助同事們煮好開水，主動幫助他們打掃衛生；下班之後，她又總是最後一個離開。因為她除了要例行公事的檢查所有電氣設備的開關之外，她還不計任何報酬的替老闆給一些客戶回信。她不但認真的去閱讀更多的來信，還要仔細分析、研究老闆的回信風格，以便更準確的為那些客戶送去回饋資訊，而且那些回信真的就像老闆親自回覆的一樣。

所有的一切，她都在用心的做，而且是非常認真的做著。珍妮從來都沒有因為老闆從沒注意到自己而停止一切付出，她始終如一的做著，直到上班滿三個月之後的一天，珍妮被老闆叫到辦公室，並且告訴她可以替代公司內務祕書的職位。那一刻，珍妮才真正的明白了，自己之前所付出的一切都沒有白費，而且還得到了一個更大的回報，她感到既驚喜又意外。

如果珍妮從進公司的那一刻起，是抱著一種新人對公司該有的無知進行工作，可能不會在那麼短短的三個月時間裡得到提拔。正是因為她不但保持了一顆良好的心態，即使自己所做的一切事情沒有得到及時的發現或者認可，還依然能夠堅持，才可能有意外的收穫。一個人是否能夠在短期內取得成功，絕對不是由物質上的收穫來決定的，而是心靈的上的一種自我提升。

日本著名的跨國公司「松下電器」的總裁松下幸之助曾經說過：「專業上的成就我已經擁有了，但這和人生真正的成功是沒有關係的，真正的成功是有關做人處世方面的，而這方面我仍在學習。」由此足以知道一個人的生活態度對於一個人成功以及現有的生活方式有著非常重要的影響作用。

所有事情的來臨都需要調整出自己最好的心理狀態去面對。一切事物的存在與變化都需要一定的心理素養與調適來維持事態的發展，這樣就能夠以更加強大的精神去應對事情的發生、發展乃至結束。凡事，只要能夠做到用心，那麼任何事情都不會存在難以解決的問題。

好心態，讓人生變得與眾不同

一個人如果能夠很好的駕馭自己不好的情緒，並且能夠積極的發掘並運用自己良好的情緒，那麼這不僅僅是一個想要成功的人必須具備的基本素養，更是每一個渴望成功的人最基本的必備品質之一。

在美國，傑克一直都過著簡單而快樂的生活，他在當地一家很有名的娛樂場所上班，儘管剛去那裡工作，收入甚微，但是他卻不會因此而有任何的不快樂。因為傑克非常喜歡車，但是，憑藉他低微的收入，別說是買車了，就是買個好的車胎都得節省半年的生活費才有可能。「他若想擁有一輛屬於自己的車，應該是下輩子的事了吧！」當傑克與朋友們在一起的時候，朋友們說的最多的可能也就是這句話了。傑克也經常做著自己的有車之夢。在他的眼中，總會看到：「如果能有一輛屬於自己的車，那該有多好啊！」這是一種無限渴望的眼神，更是一種對車的熱愛。

後來有朋友建議傑克：「不如你去試試買彩卷，那樣也許還可以中大獎，或許還可以實現你的買車夢呢！」

傑克聽後，覺得也有道理。自己雖然一直沒有什麼好的運氣，但是不妨試試看，也許會中獎呢！之後，傑克就花了一美元買了張彩卷，從彩卷商手中接過彩卷的傑克，當時緊緊的攥著那張彩卷，生怕一輛豪華轎車不小心被自己放走似的。也許真的是上天眷顧傑克，朋友們也幾乎不敢相信，傑克就是單單憑著這一美元的彩卷，中了頭獎。

終於，傑克用自己獲得的巨額獎金為自己購置了一輛非常漂亮的豪華小轎車。因為自己終於實現了這個埋藏已久的願望。現在的他也辭去了那份收入較低的工作，每天都會開著自己的愛車到處兜風，不認識傑克的人經常會看到一個瀟灑的年輕人吹著口哨在相鄰的幾個街區來回兜風，他的車總是被擦拭的乾乾淨淨。

一天，傑克將車停在了自己租住的小屋外，十幾分鐘後，他居然發現自己的愛車不見了，只剩下車子停過的車胎印。剛開始的時候，傑克很氣憤，他恨透了那個可惡的偷車賊。但是沒過多久，他只是覺得有點遺憾，自己還沒有過夠開車的癮呢！等到了第二天早晨，再見到傑克時，在他身上已經完全找不到昨天丟車時的悲傷與失落。他又像從前那樣，吹著口哨開心快樂的去上班了。

幾個好友聽說此事後相約前去安慰他。他們擔心愛車如命的傑克，花鉅款買到的車沒開多久就被偷了，非常擔心他因此而受不了這麼大的打擊。沒想到，等他們找到正在上班的傑克時，朋友們安慰他道：「傑克，車子丟了就丟了，你可千萬不要太難過呀！」

這時的傑克卻微微笑了起來，他平靜的說：「難過？我為什麼要難過？」

一旁的朋友們個個傻眼似的看著眼前的這位花了鉅資買車卻又丟車的傑克。傑克很輕鬆的說：「你們會因為丟了區區一美元而傷心難過嗎？不會吧！我想你們都不會，那麼像我這樣天生樂觀的人更不會了」。

隨後，傳來的是傑克和朋友們開朗的笑聲。

是的，不要因為一美元的丟失而悲傷。傑克之所以過得快樂，就是因為他能夠駕馭生活中的消極情緒。

消極的、悲觀的情緒有可能成為阻礙前進步伐的絆腳石，如果對這些不良情緒採取一味的放縱，這樣就會很容易影響到自己和別人的生活。一個不能拋棄消極思想的人，也就更不可能獲取成功。

如果一個人想要保持健康的情緒，就一定需要為自己的情感安裝一個控制閥，以便能夠更好的讓自己的情緒活動在一定的控制範圍之內，有所節制，而不是放任自流。

凡是採用理智與正面意念有效控制情緒的人，基本上足可以保持情緒的平靜與穩定。而對於那些不善於利用情商的人，一般在面對消極情緒侵擾時，總會感到無所適從。

現在的很多人都很在意自己在別人心中或者眼裡是什麼樣的形象。比如，今天我穿了件什麼樣的衣服，換了一種什麼樣的髮型，穿了一雙什麼樣的鞋子，或者做了一個什麼樣的動作，別人會怎麼看、怎麼說等等之類的想法。所以，這樣的人整天就只能活在別人的眼光中，而且這樣活著是很累的。

在我們的生活中，存在著很多不值一提的小事。也許別人早已經忘記，但是，你卻深深的記在心裡，這樣的人一般都是無法戰勝自己內心的人。他們刻意的想去扮演一個完美的角色，卻又忘記了自己本身的工作程序。這樣努力的結果只能是不斷加深自己消極情緒的程度，並且造成極大的心理創傷。

著名的文學巨匠契訶夫在塑造人物形象方面總是恰到好處。他在小說《小公務員之死》中，將那個可憐的小公務員的形象與心理活動描寫的惟妙惟肖。因為在看戲的時候，不幸的小公務員竟然與將軍大人坐在了一起，結果在毫無防備的情況下，小公務員竟然一個噴嚏把唾沫噴到了將軍的大衣上面。此時的他便開始神經質般的變得惶惶不可終日。不管他怎麼樣向將軍大人解釋，似乎都得不到將軍的真心原諒。到了最後，這個小公務員終於在無法忍受的巨大壓力下一命嗚呼了。

小公務員的死或許只是文學寫法中的誇張。但是生活中，也確實存在著許多這樣的謹小慎微的人，他們因為擔心這個，害怕那個而憂鬱成疾。他們鬱鬱寡歡，他們寢食難安。他們的快樂、幸福也全被這些不良的情緒所取代。所以，希望每個人在生活中，都不要過於糾結，對於那些小小的失誤，不妨痛快的忘掉。適時的拋棄自身本不該承受的東西，會讓您的生活更輕鬆，一切也都將變得更加美好。

厄運面前不低頭，心態好才能向前走

人的一生，難免會遇到坎坷，如果你習慣於低頭走路，那麼也許你會讓自己的人生更加黯然失色。相反，如果你是昂首闊步，堅強自信的話，即使面前有多大的困難，都會被你的這種堅強與魄力嚇回去。

如果在遭受厄運之時，一味的沉溺於自卑或是軟弱的泥潭中，那麼自己就更加像是戴著一副枷鎖前行的囚徒。如果不懂得從一種全新的角度面對世界、面對未來的話，那麼連非常簡單的問題都可能在你的世界中變得嚴峻起來。

在美國歷史上，清楚的記載著第一位榮獲普利茲獎的黑人記者——伊東布拉格。在他很小的時候，由於家境貧寒，許多小朋友都瞧不起他，沒人和他一起玩耍，沒人和他一起上下學。所以，伊東布拉格也就在小朋友們的疏遠中，逐漸養成了走路低頭的習慣，因為他害怕抬起頭的時候看到別人的眼睛，看到那些讓人難以面對的眼神。那種眼神裡除了譏笑就是嘲諷，他真的很怕。

伊東布拉格的成功蛻變，歸功於一輩子做水手的父親。記得在一個晴朗的週末，他的父親高興的帶著他去參觀梵古的故居。在梵古的故居禮，伊東布拉格仔細的參觀著屋子裡的每一件物品，突然他看到了梵古的那張小木床，還有一雙裂開了口的皮鞋，於是他便問自己的父親：「梵古不是位百萬富翁嗎？」這時候父親淡淡的說：「梵古是位連妻子都沒能娶的窮人。」

後來，父親還帶伊東布拉格去過丹麥。在安徒生的故居前，他又帶著些許的困惑問自己的父親：「爸爸，安徒生不是生活在皇宮裡的嗎？」父親答道：「安徒生的父親是位老鞋匠，他們全家就生活在這棟狹小的閣樓裡。」

後來在伊東布拉格的回憶錄中看到這樣的一段話：「那時我們家很窮，父母都靠賣苦力為生。有很長一段時間，我一直認為像我們這樣地位卑微的黑人是不可能有什麼出息的。好在父親讓我認識了梵古和安徒生，這兩個人告訴我，上帝從沒有輕看卑微。」

不錯，自卑真的就像是一種沒有必要的自我沉淪，因為每個人都有其生存的優勢，都有其存在的價值。如果一個人有著很強的自卑意識，他就能找出無數種理由讓自己自卑。比如我個子矮、我不夠苗條、我有地方口音、我的父母沒有地位、我學歷太低、我職位不高，甚至我不會吃西餐等等。任何一丁點的不如意都很有可能成為他繼續墮落、自卑的條件。自卑是一種極其可怕的惡性循環，一旦陷了進去，那麼無論在什麼時候什麼地方，都很有可能出現自我封閉，甚至到了一種無法自拔的地步。

一般情況下，我們所見到的自卑者，往往經歷過什麼特殊的事件或者承受過別人難以承受過的殘酷事實，所有經歷過的不幸都可能成為給予他心靈創傷的缺口。

王耀君是一個學習成績很差的學生。雖然他的語文課成績不是很好，但是他在體育方面有著一定的天賦。因為他喜愛體育中的許多項目，所以，他一直開心快樂的生活著。有一天上體育課時，王耀君和許多同學在操場上踢足球，但是因為與同班同學張培強在傳接球的時候沒有配合好，於是就與張培強起了衝突，兩人大吵了起來。就在二人爭得面紅耳赤的時候，恰好碰到班主任李老師經過。李老師徑直走到王耀君面前，大聲呵斥：「一天到晚都不知道好好學習，只顧著玩，成績總是那麼差，還踢什麼的足球，不如背著書包回家去，跑到這裡丟你父母的臉。」而面對張培強，李老師只是笑笑就離開了。

兩個學生面臨的同一件事情，卻被老師給予了不同的待遇。也正是因為這件事情的發生，從來都不介意自己成績好壞的王耀君，終於因為這件事而意識到了問題的嚴重性。從此之後，他發奮學習，積極努力，終於在期末考試中取得了優異的成績，不僅僅超越了之前的自己，甚至還超越了其他成績較好的同學。

好心態是一把鞭笞人進步的尺，它不僅可以讓人有規律的按步驟前進，又可以給人足夠大的力量，讓人不斷的進步成長。如果當人生遭遇不幸或是厄運纏身時，最關鍵的就是能夠積極培養自己良好的心態，並且能夠很好的加以利用。如果不在厄運面前隨便低頭，堅強面對的話，相信即使前面波折重重，也終會收獲屬於自己的那片藍天。

第二章　活在當下，樂觀進取

如果說人生的美麗依賴於人性的美麗，那麼人性的美麗就一定歸功於可以令人愉快的個性之上。如果想要獲取更多，首先就要擁有一顆積極、樂觀、向上的心。

如果我們不能改變風的方向，那就試著改變帆的方向；既然不能改變既定的結果，那就要試圖轉變自己的心態；快樂得生活，不快樂也得生活，既然都是得生活，那麼為什麼不去選擇快樂的活著。

活在當下，而不是過去和未來

今天真的是個與眾不同的日子，所以我們每個人都應該重視身邊的每一天，只有這樣，我們才會覺得日子過得踏實又快樂，因為「人的一生最重要的不是期許美好的未來，而是好好的珍視、珍惜身邊真實的存在與現在。」

一八七一年的春天，威廉・奧斯勒偶然拿起一本書，看到了書上的這句話「人的一生最重要的不是期望模糊未來，而是重視身邊真實的現在」，恰恰就是因為這句話，改變了這個年輕人的一生。它使這個原來只知道擔心自己期末考試成績，對自己將來的生活還沒有絲毫把握的醫學院學生，最終成為了一位有名的醫學專家。後來，他還創建了舉世聞名的約翰・霍普金斯大學，被聘為牛津大學醫學院的講座教授，還被英國國王冊封為爵士。

在四十二年後的一個鬱金香盛開的溫暖春夜裡，威廉・奧斯勒爵士在耶魯大學作了一場精彩的演講，他告訴那些聽講的大學生：「曾經在大學裡任教四年，寫過暢銷書的自己並沒有擁有比別人更勝一籌的『特殊頭腦』，也不是什麼具備特殊天賦的奇才。他也只不過是個普普通通的人。只是他比別人更早的聽到了兩位哲人的談話罷了。而那兩位哲人所有談話的精髓內容卻僅僅集中在這樣一句話中：「永遠都不要為了明天的事情去煩惱，明天自有明天的事，只要全力以赴的過好今天就足夠了。」

雖然我們應該為明天的行動制訂出一套完美的計劃，可是卻完全沒有必要去擔心或者害怕什麼。美國的一位海軍指揮官曾經說過：「在戰鬥中，我所能做的就只是提供最好的武器裝備，選擇我認為最優秀的作戰計劃，並且從今天開始，僅此而已。如果一艘軍艦被敵機擊沉，那就無論如何都無法挽回了。我的所有時間是用來做還有希望的事情，而不是用來悔恨的。」

如果一個人習慣並且始終運用一種積極的思考方式與態度思考問題的話，那麼這一定會帶你迎接美好的明天；如果消極的觀念充斥大腦，那麼你會一直滯留在沮喪的昨天。在現代的快節奏生活中，存在著一種驚人的事實，這種事實準確的證明了現代生活的錯誤觀。

在美國，醫院裡絕大多數的病床都被精神病人所占據，而這些病患大多是因為他們不堪忍受生活的重負而導致的精神崩潰。可是，如果他們能夠虔誠的信奉「不要為明天的事而憂慮」，能夠時刻謹記威廉・奧斯勒的話「人只能生存在今天的房間裡」的話，也許他們很快就能成為一個快樂的人，並且能夠愉悅的度過他們的一生。

「當下、目前、現在、如今」等這樣的字眼極為特殊，它把飄逝的過去和縹緲的未來巧妙的劃分開來。讓你永遠都沒有辦法在這個時間點之外獨立生存，如果你想澈底逃離甚至是迴避，哪怕只是一個短暫的瞬間，但你會發現無論如何都無法擺脫這個點。所以，只要你認真的並且充實的過好了現在，那麼，相信不久的將來你也一定會因為這種充實而到達成功的彼岸。

人生的門檻很多，能抬起腳就能邁過去

「不經歷風雨，怎能見到彩虹。」簡單的一句歌詞卻道出了人生的真實寫照。是呀，人的一生是需要經歷很多的坎坷，也唯有在風雨中不斷的滌蕩，在困難與挫折中不斷的錘煉，才能使自己的心智逐漸變得成熟，以獲得更大的成功。成功不僅僅來自於我們堅持不懈的努力，更重要的是我們還擁有足夠大的勇氣去迎接困難、克服困難。

每個人的生命中都有一顆最偉大的種子，當然你也有。人人生來就都是獨一無二的。作為一個有價值的自己，必然就有能力創造出一切美好的事物，也會有足夠大的信心與勇氣去克服所遇到的一切難題。你在生活中遇到的許多困難，就好比平坦大路上的一道道坎，只要你能勇敢的抬起腳，就一定可以自信的邁過去。

在生活當中，你可能會聽到一些外來的聲音，他們也許會說你不夠資格，這時的你很有可能會相信他們的話。如果有人每天在你耳邊嘮叨，說你是技不如人，也許時間長了，你也可能會不自覺的認為他對你的看法是正確的。

所以這個時候的你一定要立場明確，儘管外界會給你一些負面的評價，但無論如何你都不能自我放棄，因為你才是唯一能夠幫助自己邁向成功的人，只要自己清楚這一點，多大的難題都能夠迎刃而解。

富蘭克林・羅斯福小時候是一個膽小害羞的男孩，他的臉上時常帶著一種驚懼的表情。如果被老師叫起來背誦文章的時候，他會立即嚇得雙腿發抖，嘴唇也不停的顫動。他從小就生性敏感，而且害怕任何社交活動，也不喜歡交朋友。這樣的他如果停止奮鬥的話，那麼也就相當於自我放棄、自甘墮落了，這對於他來說簡直就是一件再平常也不過的事情了。

更不幸的是在羅斯福三十九歲的時候，在加拿大新不倫瑞克省坎波貝洛島度假的羅斯福突患疾病並被確診為脊髓灰質炎，導致其腰部以下完全永久性癱瘓。大病一場之後也只能是拄著拐杖去參加各種社交活動。如果他非常在意自己的身體缺陷的話，那麼也許他會花費成倍的時間去泡「溫泉」，或者堅持服用「維他命」，甚至也可能會用上一段時間去航海旅行，或是坐在甲板的躺椅上，慢慢的用時間去調理自己的身體健康。

堅強的羅斯福並沒有輕易放棄自己，他反而在重病的折磨下盡可能的讓自己成為一個真正的強者。他看見別的正常人在游泳、騎馬或進行其他的一些激烈活動，他也會更嚴格的要求自己也去適當的進行一些這樣高難度的動作，他要讓自己變成刻苦耐勞的典範。羅斯福也因此覺得自己變得更加堅強和勇敢了。當他再和別人在一起時，他也不由得覺得他們更喜歡自己，他也就不再避開他們。由於羅斯福對別人友好而熱情，自卑的感覺也就悄悄的消失了。羅斯福覺得當他「快樂」的與人交往時已不再懼怕別人了。羅斯福自身雖然有些缺陷，但他從不自憐自艾，完全相反的，他變得更加自信，他以一種積極、樂觀、勇敢、堅強的狀態面對人生。

天生的缺陷雖足以使他停下前進的步伐，然而堅強的他並沒有因為同伴對他的嘲笑而停止前行，他將自己喘息的習慣轉換成堅定的嘶聲。他用堅強的意志克服恐懼。他正是憑藉著這種頑強的奮鬥精神，憑藉著一顆積極向上的心態，邁過了一道又一道的坎，成為了偉大的總統。他的成功足以證明他沒有因為自己的缺陷而氣餒，而是將其轉變為自身的資本和扶梯攀登上了人生的巔峰。即使在他的晚年，已經有不少人知道了他曾經患有嚴重的缺陷，但是絲毫沒有影響到國民對他的深深的愛戴，他成為了美國最得人心的總統，這樣的情況還是前所未有過的。如此的成就是何等的偉大。上天賜給他的是不幸的身體缺陷，但他卻能堅強的邁過這道不幸的難關，並且一直堅強的努力著做到更好。

羅斯福的成功不止單純的建立在他的努力奮鬥和自信自強之上。最關鍵的是他能夠在厄運中不喪失信心，並且能夠很快的走出不幸。他相信自己，也從不低估自己的潛能，正是這種積極的心態時刻鼓勵著他去繼續奮鬥，最後終於從不幸的環境中尋找到了發揮潛能的舞臺。

從哪個坑跌倒，就從哪個坑裡爬起來

人生成功的道路上，總會出現一些讓人意料之外的事情。如果把事業的順利發展與人生的機遇比作一個百寶箱的話，那麼克服所有困難的過程就是開啟百寶箱的過程，其中克服困難所付出的堅韌就是打開這把百寶箱之鎖的金鑰匙。

在成功的道路上，幾乎沒有什麼東西能比堅韌的意志力更重要。看看那些得到重用並且成為某一領域權威的人士，沒有哪一個不是秉性堅韌的人。堅韌的個性使得他們在工作當中不厭其煩，在困難中越挫越勇。這種品質所產生的力量是源源不斷的，如果可以將這種力量很好的控制和引導，足以戰勝一切的不可能。努力加強提高自己對挫折的忍耐力、不斷錘煉自己積極進取的源動力，這也是成就一個人的最重要因素。一個真正擁有堅韌品質的人，是可以將所有的悲觀情緒拋於腦後，是可以不斷前進的。

很久之前，美國有一位非常貧窮的年輕人，當他的生活已經到了舉步維艱的時候，但是他心中的夢想卻一直還在：他想拍電影、做演員、成為明星。

在當時，成為明星的夢想也許只是有錢人才敢夢想的事情，畢竟在成為明星之前，還是需要用很多的資金來包裝自己的。窮年輕人他心裡也是非常清楚的。他主動了解了更多有關的資訊，得知當時的好萊塢一共有五百家電影公司。不止這些，他還根據自己內心意向對自己將來的路線做出定位，把那些電影公司進行了分類與排序，然後拿著為自己量身策劃的劇本開始了艱辛的拜訪。

第一輪的拜訪結束之後，竟然沒有一家電影公司肯聘用他，幾乎都是直接拒絕。面對著如此大的打擊，這位年輕人沒有放棄自己的夢想。於是，他又開始了自己的第二輪拜訪，依然是按照之前的排列順序進行了拜訪，結果還是和之前一模一樣，依舊沒有人願意聘用他。

毫不氣餒的年輕人依舊沒有放棄自己的夢想，他鼓足勇氣開始了自己的第三輪拜訪。讓人非常惋惜的是，第三次的結果與之前的兩次結果幾乎沒什麼變化。於是，堅持不懈的年輕人在不斷的打擊與磨練中又開始了自己的第四輪拜訪，當拜訪完第三百四十九家電影公司之後，等把自己的劇本交給第三百五十家電影公司的老闆的第四天之後，奇蹟終於出現了，這位年輕人居然得到了這家電影公司老闆的約見，而且這位老闆不但決定對此劇本進行投資拍攝，還邀請這位年輕人擔任劇本中的男主角，之後，這部電影幾乎紅遍了全世界。這就是那部在全世界都有名的電影《洛基》。而這位堅持不懈的年輕人就是國際巨星席維斯．史特龍。

一千八百四十九次的碰壁，並沒有讓史特龍放棄，他反而學會了更加堅持不懈，終於在自己的第一千八百五十次前進中獲得了成功。史特龍的成功正好印證了「從哪裡跌倒，就從哪裡爬起來」的道理，同時也證實了：「失敗乃成功之母。」

在個人的道德修養中，堅韌是非常重要的品質之一，如果一個人沒有恆心和毅力的話，就會難以忍受挫折與失敗，甚至在生活的道路上剛一邁步，就可能會被逆境所打倒。只有做到堅韌，你才有可能成為贏家。法國作家拉羅希福可曾說過：「取得成就時堅持不懈，要比遭到失敗時頑強不屈更重要。」

困難是取得成就的突破口，對於一個優秀的團體來說，不僅僅需要具備突破困難的能力，還應該具備勇於面對困難的決心和積極進取的態度。

一位社會學家在分析美國歷史進程時說過這樣一句話：「其實，美國人之所以能夠成功，很大程度上是他們竭盡全力、毫不懼怕失敗的結果。他們也曾經遭遇過失敗，但是失敗以後還是會從頭再來，這樣一來他們堅韌的個性便又增加了許多。」那種追根究底、不達目的絕不甘休的精神，正是他們最大的力量來源。

耐心需要特別的勇氣去堅持，並不是只堅持一下就足夠，而是要始終堅持。就像白朗寧所說的：「有勇氣改變你能夠改變的，願意接受你無法改變的，並且明智的判斷你是否有能力改變。」因此，追求人生目標的決心越是堅定，那麼你就越有耐心和韌性克服一切阻礙。所謂的耐心，本來就是動態的而非靜態的，是主動的而不是被動的，是一種可以主導命運的積極力量，而不是向環境屈服的姿態。

作為一個前進中的人，如何培養耐心其實不是很難，只要你能夠確定自己的工作計劃和目標，並且投入你的全部熱忱。你需要旺盛的雄心，不要讓自己的努力半途而廢，否則，你前面所作的努力會全部化為烏有。

堅韌可以把一個人潛藏的劣勢轉化為優勢。對待自己的弱勢與不足，你不能視而不見或坐在原地祈求上天的保佑，期待能夠出現好的轉機。這樣做只是徒勞。還不如快速調整狀態，自己正視存在的缺點，立即行動起來，最大可能的將它們轉化為優勢，但上述的這些都不是心灰意冷之人所能做到的，只有依靠堅強的毅力與持之以恆的決心才能克服。

挫折總是與成功形影不離，如果我們具有堅韌的意志、勇往直前的勇氣，那麼，相信我們一定可以克服困難，獲取成功。

太悲觀了，陽光都不會考慮進來的

生活中，我們不能給自己太大的壓力，很多的不快樂都要及時放下，只有這樣，我們才有能力去接受更多新鮮的東西，也才會真正體會生活的美好。上天賜予我們很多寶貴的東西，我們應該試著去接受所有的事物——好的不好的。我們過度強調美好的事物，卻經常忽略面對不幸時應該調整的心態。生活中，許多事情需要你的記憶，同樣的也有許多事需要你的遺忘。

如果我們將所有的過往都緊抓不放，人的負荷也就會隨之越來越重，前進的腳步將會更加難以移動，如果我們可以瀟脫的扔掉所有的悲傷，那麼人生之路也一定會走得越來越順暢。

有這樣一個故事：

一位女士送給一位對自己的人生有過很大影響的好友三條緞帶，希望他也能將緞帶分送給對他有著影響的朋友。於是，這位朋友為自己留了一條，把另外兩條送給他那不苟言笑的上司，儘管上司對他一向嚴厲，但是自己卻也從上司那邊學了許多有用的東西，因此自己的生活也變得越來越充實。同時他也希望自己的上司也能將多餘的那條緞帶送給另外一個影響過他生命的人。

當他的上司收到緞帶之後非常驚訝：公司裡幾乎所有的員工都對他是敬而遠之的。他以為自己的人緣會很差，沒有人會喜歡自己，沒想到竟然還會有人感念他，給他送來如此榮譽的緞帶作為禮物。還把他當成是生命中的啟迪者給予最榮耀的感謝，他的心也隨之變得柔軟起來。

收到禮物之後的上司整個下午都在思考自己許久以來的管理方式，自己一心追求管理求效益的時候卻忽略了與員工之間的溝通，常常將自己與員工劃分開來，沒有真正的從內心去接受或者理解過他們，只要員工犯了錯誤，他就會嚴厲的訓斥。長期下來，幾乎從所有在他手下做事的人中，找不出一個可以交心的人，而且還會在他背後悄悄的議論甚至討厭他。他也因此而懊惱傷心過，當工人出現集體罷工之時，自己甚至絕望到想要以結束生命來應對這樣的大變故，但是後來因為兒子的影響，讓他得以化痛苦為力量，讓工廠重新步入了正軌。

思考過之後的那天下午，他提早下班回家，將另外的那條緞帶送給了自己的兒子。因為工作，他很少顧家，與兒子之間最多的交流就是責備。那天回到家之後，他懷著一顆歉疚的心，將緞帶遞給了兒子，同時也為自己之前的態度道了歉。

當他說完這些話，兒子竟然號啕大哭起來。他原以為父親對他一點都不關心，根本就不在乎他。聽完父親的話，自己的心裡也頓時明朗起來，因為自己的父親並沒有不愛自己，只是因為工作的緣故，疏忽了該給予自己的那份愛而已。

這裡的緞帶，化解開的不僅僅只是上下級、父子之間的誤會，還有自己內心的想法。有些時候遇到的一些難題也許正是自己找來的，因為自己的偏執、刻板印象、不自信，或者是因為自己在考慮問題的時候不夠積極樂觀，所以才會出現一系列的問題。這些問題令我們措手不及，甚至在極度困難的時候想要放棄一切，看不到希望，更找不到出路。

所以，無論在什麼時候都應該學著讓自己變得更加樂觀，只有這樣，我們才會有無限的精力與信心去戰勝一切，那麼人生也將回報給我們一片燦爛的陽光。

微笑面對生活，因為它並沒有虧欠我們

微笑是一種既簡單又有效的表情調節方法。微笑不僅帶給人健康，它還可以使情緒緊張的

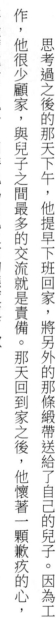

人變得平靜鎮定；使沒有胃口的人食慾大增；使失眠的人安然入睡。微笑使人延緩衰老，精力充沛；微笑使人增強免疫力，減輕疼痛感。你可以拿面鏡子，然後對著鏡子微笑。正所謂「一笑解千愁。」

實驗證明，裝成快樂的樣子也常常會「弄假成真」。最初你也可能會覺得那是假的，但是只要多練習，假裝的感覺就會自然消失。你不能只坐在那裡，等待快樂來臨。相反，你應該站起來，用行動模仿快樂者的動作和言語。即便假裝的快樂不能在短時間內把一個鬱悶、內向的人變成一個開心、外向的人，但能讓自己微笑也是邁向快樂重要的一步。

雅筑習慣了悲觀的看待問題，一件小小的事情都足以引起她的不安、緊張或者焦慮。孩子的成績不佳，會讓她整天憂心忡忡；先生幾句無心的話語會使她黯然神傷。她說：「幾乎所有的事情，都會在我的心中盤踞很久，從而導致了我每天都不會有好心情，這樣的狀態幾乎嚴重影響了我的生活與工作品質。」

一天，公司有個重要會議，但是因為之前的一件小事影響了雅筑，使得她本就沮喪的心情更加的低落。看著鏡子中的自己，臉色灰暗，絲毫提不起精神。這時雅筑打電話問朋友：「我的心情非常沮喪，我的模樣憔悴，絲毫沒有精神，該如何參加重要的會議呢？」

朋友建議雅筑：「把所有讓你沮喪的事情放下，洗把臉，把無精打采的愁容洗乾淨，再適當的化點淡妝以增強自信，心中多想一些自己覺得最快樂的事。注意！一定要從內心去征服自己，讓自己真正的快樂起來。」於是，她極力試著按照朋友說的去做，當天晚上雅筑就打電話給朋友：「成功啦！成功啦！我不僅成功的參加了這次重要會議，而且還爭取到了新的工作專案。我想都沒想過自己居然能成為最終的奪魁者。信心的力量真的是太巨大了！微笑與樂觀真的可以給我帶來好運！謝謝你！」

其實，每個人都應該學會轉變自己的態度，讓這種樂觀的心態去感染自己的行為。思想一旦發生轉變，那麼事情的發展就一定會跟著改變。

人一般在自己心情不好的時候會不自覺的將壞情緒抓得更緊。這時就會閉門不出、不說話、生悶氣、胡思亂想，結果越是這樣，心情也就跟著變得更糟、更難過。所以，我們每個人都要學會微笑，不單是在開心的時候。

我們想擁有好心情，就得從原有的壞心情中解脫出來，從煩惱的死胡同中走出來。放下心情的包袱，好好的審視自己，看看哪些可以讓自己變得輕鬆快樂，將之留下來，並且盡可能的長久保存；哪些是垃圾，是給自己製造困擾的有害因素，將之拋棄。

開心是一種心境，快樂的心情應該由我們自己做主。一個人要懂得快樂、知道享受，無論遇到了什麼困境，都要懂得隨遇而安，能夠從中找到讓我們快樂的因素，盡可能的把複雜的事情簡單化、幽默化，以便更輕鬆的獲得樂趣。

我們的心靈就像一座祕密花園，你種菜豆，收獲的絕不會是馬鈴薯；你種一株菜豆苗，也絕對不會只收獲一顆菜豆。在播種與收穫之間，菜豆的數目是會增加很多的，這也是心靈的一種倍數遞增工作法，一旦你的壞情緒來臨，那麼你不僅會影響到你周圍成倍的人，甚至能讓自己悲傷或者難過的程度出現成倍的遞增。

任何時候都要樂觀。有段猶太諺語是這樣說的：「如果斷了一條腿，你就應該感謝上帝不曾折斷你的兩條腿；如果斷了兩條腿，你就應該感謝上帝不曾折斷你的脖子；如果斷了脖子，那就沒有什麼好擔憂的了。」

因為害怕而希望得到避風港的人，是永遠也無法攀登到人生最高峰的。人在成長的過程中，總希望自己能夠找到一個最佳的環境，但是，人的成長是離不開磨練的，所以不管我們處在一個多麼惡劣的環境，都不要選擇輕易的屈服，如果你不能樂觀的把困難征服，那麼到頭來只能被困難嚇倒。

樂觀的面對不幸，不幸就可以轉化為幸運

人漫長而又短暫的一生，即使遇到些許挫折，那也是必不可少的。但是相信我們也應該有

足夠的信心和耐心去欣賞風雨之後的燦爛陽光。一個人若要在激烈的競爭中取勝，想要擁有幸福的人生，就必須把不幸當作幸福的起點，培養樂觀的心態，從自己的內心激勵自己，告訴自己：沒什麼大不了的。

米契爾，一個曾經遭遇很大的不幸的強大的人。一次意外事故，使得他身上多達百分之六十五以上的皮膚被嚴重燒壞，為此他動了大大小小十六次手術。手術之後，承受病痛的他連一根叉子都無法拿起來，也無法撥打電話，更難受的是無法一個人上廁所，可以說完全到了一種生活無法自理的艱難程度。但對於之前曾是海軍陸戰隊隊員的米契爾來說，他從來都不認為自己會就這樣被打敗。他說：「我自己的人生之船完全可以被我很好的掌握，我可以選擇把目前的狀況看成一次倒退或是另外一個新的起點。」最終他沒有讓大家失望，更對得起自己的誓言。他將此次的不幸當成了自己人生中另外一個全新的起點。六個月之後，他又能正常的駕駛飛機在天空翱翔！

得到很好的康復的米契爾，後來還在科羅拉多州為自己購置了一幢維多利亞式的漂亮大房子，也為自己購買了一架軍事飛機，收購了一家酒吧，後來還和兩個朋友一起合資開了一家專門生產以木材為燃料的爐子公司，經過他們的苦心經營之後，這家公司後來還成為了佛蒙特州第二大私人公司。

但在別的人眼中，所有的幸運與不幸似乎也都總是垂青於他。就在米契爾開辦公司的第四年，他又在一次飛機起飛的過程中發生了嚴重的意外，他的十二條脊椎骨被壓得粉碎，腰部以下完全癱瘓！但是堅強的米契爾仍然選擇樂觀的面對，求生意念強烈的他，不但對自己沒有絲毫放棄的念頭，而且還一直努力使自己盡可能的保持生活的獨立自主。之後他還透過競選，獲得了科羅拉多州鎮長的頭銜，工作的主要內容就是維護小鎮的環境以及社區所有的美景不遭到人為的破壞。後來他也參加過國會議員的競選，他用一句「不只是另一張小白臉」的口號，將自己難看的臉成功的轉化成了一項有利的資產。

雖然米契爾的臉孔讓人生畏，他的行動也極其不方便，但是他卻和正常人一樣收獲了愛情，早早的解決了自己的終身大事。此外，他還拿到了公共行政管理碩士的畢業證書，並且在他的後半生還始終堅持他的公益飛行活動、環保運動以及一些公共演說。

米契爾的一段話足以讓我們動容。它讓我們更加深刻的認識自己，並且更好的利用自己潛在的優勢去做生活中的每一件事情：「我癱瘓之前可以做一萬件事，現在我只能做九千件，我可以把注意力放在我無法再做的一千件事上，或是把目光放在我還能做的九千件事上，我的人生曾遭受過兩次重大的挫折，如果我能選擇不把挫折拿來當成放棄努力的藉口，那麼，或許你們也可以用一個新的角度來看待一些一直讓你們裹足不前的經歷。你可以退一步，想開一點，然後你就有機會說：『或許那也沒什麼大不的！』」

「或許那也沒什麼大不的」，正是因為有了這樣積極樂觀的態度，許多成功的人才會以驚人的毅力去面對困境，走出困境，最終尋找到了人生的輝煌。

偉大的女科學家居禮夫人也曾經是在重重的困難中，透過自己不懈的努力學習、認真的鑽研登上了科學的高峰。她的丈夫皮耶・居禮的去世帶給她沉痛的打擊，為了完成丈夫生前的心願，她潛心鑽研，將深深的悲痛埋藏於心底，最終為人類的進步作出了巨大的貢獻。

不向命運低頭，你可以讓它聽你的

性格堅毅的人無論遇到什麼事情，都不會輕易的妥協、讓步。他們當中不乏一些具有雄心大志的人，他們堅韌、有魄力，他們勇敢、有拚勁。所以，成功也往往被他們所獲。

一個對足球過度迷戀的小女孩，在一次偶然的機會下，被父親送到了體育學校學習踢球。但是進了學校之後，女孩的表現並不是非常好，所以她根本稱不上是一個合格的球員。或許是因為小女孩之前一直沒有接受過任何形式的基礎練習，甚至連踢球這樣最基本動作都做得不夠標準，單從這一點來說，她的基本素養評分都已經遠遠落後於她的其他隊友。

上了訓練場，女孩成了其他隊員嘲笑的對象。因為自己傳球動作的笨拙，因此與其他隊友配合時不夠默契，經常導致失誤。因此隊友們象徵性的送她一個貼切的外號「門外漢」。也許隊友們只是覺得好玩，或者是想與女孩拉近一下關係，可是自從有了這個外號之後，女孩的情緒就顯得十分的低落。

在這裡的每個隊員踢球的最終目標就是進入職業球隊。自從女孩入校學習之後，職業球隊也曾幾次來校進行過後備球員的挑選。每次選人的時候，女孩都會非常賣力的踢球，然而終場的哨子吹響之後，女孩卻遲遲收不到被錄取的消息。她的好幾個隊友都已經陸續進了職業球隊，沒被錄取的其他隊友有的也悄悄辦理了轉學。

刻苦訓練的女孩不明白自己為何屢屢落選，於是前去請教自己的教練原因，而教練給出的最好答案就是：「這次名額不夠，下次就有妳了。」單純的女孩信以為真，她也相信自己肯定能等到錄取的結果，因為自己是多麼努力的訓練，而且正是這種信念支撐著她繼續努力的訓練著。

時間過得很快，一年之後，女孩依然沒有被選上。但是她的自信心始終沒有動搖，她一直都認為自己在球場上的表現還不錯，即使自己的客觀條件並不是非常理想，儘管別人會說她會落選是因為她身高不夠高，而且之前也沒有受過這方面的專業訓練，再加上每次選人的時候，她都因為迫切的希望被選中而上場之後過於緊張，從而導致她平時的訓練水準得不到正常發揮，但是這些都無法阻擋女孩的腳步。別人越是這樣說她，她越是堅定的走自己所走的這條路。

她依舊按照教練制定的進度堅持每天艱苦的鍛煉。她默默的承受著來自外界的所有壓力。皇天不負有心人，命運總是垂青那些堅持而又堅定的人。女孩終於等到了職業隊的錄取通知書。此時的她激動不已，因為自己的執著與堅持，使得她進職業隊之後就很快得到了大家的認可，並且在眾多的隊員當中脫穎而出，不僅向大家證明了自己的選擇是正確的，而且也展現出了自己骨子裡那股不向命運低頭的氣魄。

故事中的這個女孩就是後來獲得最佳女子足球員稱號的孫雯。在接受採訪的時候，她在回憶這段往事的時候，感慨的說：「一個人在人生低谷中徘徊，感到自己支持不下去的時候，其實就是黎明前最黑暗的那一刻，只要心中充滿希望，再堅持一下，前面肯定是一道亮麗的彩虹。」難道不是嗎？正是這簡簡單單、樸樸實實的一句話卻鮮明的體現了不向命運輕易低頭的精神之所在。

樂觀者眼裡沒有失敗，人生隨時都可以重新開始

「一個人能否成功，關鍵在於他的心態，成功人士與失敗人士的不同之處就在於成功人士擁有積極的心態。」這句話出自成功學始祖拿破崙・希爾。其實，在對成功人士進行的調查結

果中得出：所有成功者的字典裡從來都不會出現「失敗」二字，他們最多的也許只是看到「暫時的不成功」。

大多數的成功者在困難面前，他們會懷著一種挑戰的心態，用一些積極的話語來肯定自己。例如，「我能！」、「我要！」、「我會！」、「我可以！」等等。他們因為內心的強大以及時常自我肯定，所以他們的腳步在不斷的前行，直至走向成功。愛迪生就是在成千上萬次的試驗失敗中累積了經驗，儘管重複性的工作做了那麼多，但是他堅絕不放棄，絲毫不氣餒，以至於後來終於成功的發明出了能夠照亮全世界的電燈。

樂觀者從成功中獲取更多的信心，悲觀者卻從失敗中找到更多藉口。積極行動的累積，造就了世界最偉大的成功；消極倦怠的言語相加，足以讓人萬劫不復。

安德魯・卡內基，美國著名的鋼鐵大王。他的成功之處就在於善於發現，並且很好的利用別人比較積極的一面。無論他與誰進行合作，他們之間的關係總是非常的和諧融洽。如果有人因為好奇或者羨慕而詢問其中的奧祕時，他會給出這樣的答案：「與人相處，就如同在泥裡挖金子，你很清楚，你現在挖的是金子，而不是泥巴。如果我與他人合作時只是關注他們身上的缺點，那麼我會被氣死，而且還會一無所有。相反的，我知道每個人身上都存在積極樂觀的一面，這正是我要發現的，也是我所需要的，哪怕它像金子一樣埋得很深，但我相信只要努力，遲早都會發現。」

一句話，平實而又深刻的道出了其中的精髓之所在。成功人士巧妙的運用積極的黃金定律支配自己的人生，他們始終運用積極的思考方式、樂觀的處世態度和豐富的經驗教訓來控制自己的人生。失敗人士則是受制於過去的種種失敗與疑慮，他們時常感到空虛、無助、悲觀、無望、消極、頹廢，因而最終越陷越深，甚至走向失敗。

一位曾在創業初期屢屢遭受挫敗的企業家說過：「在自己經營企業的初期，他遭遇到了很多讓人一想起就頭痛的問題。到後來，當自己走出這些困難的怪圈之後，才突然明白，原來自己所遭遇到的一些所謂的天大的難題，其實根本都只是些小小的困難，不需費多大心神就能解決掉的。但在當時的他看來，這些小小的困難都很有可能發展成難以控制的阻礙。」不過經過了這些艱辛，他也總結出了：原來自己的思想之前一直都被消極的悲觀主義色彩所蒙蔽，所以往往疏於仔細觀察，以至於到最後造成了一些無法挽回的局面，而實際意義上的這些困難並沒有他所想像的那麼嚴重……

後來，這位成功的企業家就在自己公司的辦公桌上放置了一個上面貼有「保持樂觀心態，一切皆有可能」小卡片的箱子，主要目的是用來時刻提醒或者警戒自己，凡事都應三思而後行，最重要的就是無論何時何地都應保持積極樂觀的心態，不要輕易的自我放棄。

有些時候，當自己遇到難以解決或是一時無法解開的難題時，或者出現一些想要放棄或者停止進步的消極思想時，他便會將與這些難題相關的資料文件投入箱內。等自己調整狀態之後，再重新把這些難題拿出來解決，這時思想就會突然明朗很多，你會發現原本很難解決的問題竟然可以如此簡單的處理。

所以，在我們平常的生活當中，如果我們也遇到「卡住」或者難辨的事情，請不要過早消極的自我否定，你可以等自我調整完之後再積極樂觀的去面對。如果在這個艱難的時候你可以對著鏡子說「我不相信就此失敗」，直到這個想法完全進入到你的潛意識為止。做到了這一點，你也就已成功了一大半。

如果要說這個世界是人的世界，倒不如說這個世界其實就是人們內心真實反映的國度。如果一個人情緒低落，愁容滿面，那麼表現出來的就是絕望無助；如果這個人心態平和，積極樂觀，那麼世界回饋給他們的也必將是美好的未來。

懂得自嘲，你就是聰明人

有句古話：「江山易改，本性難移。」也就是說，人的本性的改變，比江山的變遷還要難，形容人的本性難以改變。一個人，如果在適當的時候能夠真正學會自省、自悟、自嘲，就一定會把自己的性格塑造得更加完美。

民族英雄林則徐曾經為了改掉自己性格急躁的問題，在自己書房最醒目的地方掛了一張親筆寫著「制怒」的橫幅，以此來自警自戒。因為他知道自己一向做事容易衝動，所以他沒有等著別人去告訴他自己有這樣的性格缺陷，而是在清楚自我性格特點的情況下自嘲且不斷完善。還有美國著名的班傑明·富蘭克林，他不僅對美國的獨立戰爭和科學發明做出過重大貢獻，還因為他有著很強的自我意識能力以及明確的自嘲意識，所以他的這種行為不但為後人樹立了偉大的榜樣，而且還深深的被人們所尊敬。

美國一家知名公司的總裁幾乎每年都會花掉上百萬美金資助鮑勃·霍伯的節目。而霍伯的節目之所以能得到該總裁的資金大力支援以及獲得很高收視率的最大原因就在於他從來都不會花時間去看那些稱讚此節目的信件。反之，他一直堅持查閱那些對該節目存在異議，又能給出中肯意見的信件，哪怕是在批評。因為他明白，只有從批評中才能找到問題的癥結，只有這樣的信件才能讓他學到許多有意義的東西。

福特公司的負責人們不僅經常自我反省，不斷尋找在管理及業務方面存在的漏洞，而且還經常對全體員工進行意見大搜集，誠懇的希望員工們能夠提出有益於公司長久發展的批評性建議。福特公司的這種不斷自嘲機制，很大程度上相當於為公司的不斷成長與發展注入了新鮮的血液。

這種自嘲的態度使他們不光贏得了朋友，還搜集到了更多對於公司有建設性的寶貴意見。所以，我們每個人都應該懷著善意去接受別人給出的批評，努力做到「有則改之，無則加勉」。只有做到了這一點，才能更好的防止自我滿足、自我驕傲的不良情緒，時時檢視自己，盡量把自己的驕傲情緒盡早壓制下去。

新街區有一個成功的肥皂推銷者莫迪。最初，莫迪在為公司推銷肥皂的時候，幾乎沒有客戶的大額訂單，所以他的工作業績相對來說偏低，從進展方面來看也是最慢的。所以這個時候的他非常擔心自己可能會因此而失去難得的工作機會。所以，莫迪常常會思考這些問題：到底是哪裡出現了問題？肥皂的品質和價錢幾乎沒有什麼問題，那麼最有可能的問題點一定在自己這裡，是自己因為經驗不足導致的談判技巧過於拙劣，還是自己的表達不夠清楚，讓客戶的理解出現偏頗；又或者是自己不夠自信，在與客戶談判的過程中過於緊張，不能與客戶建立正常的平等關係而使得客戶覺得我的產品品質存在瑕疵。種種的疑問不斷的在他腦海中閃現。

當他想明白所有的這些問題之後，他便制定出了新的銷售策略。為了能夠與客戶建立良好的經銷關係，於是，每當客戶拒絕或是委婉謝絕之後，他都會重新的站在客戶面前，誠懇的說：「我之所以回來，不是想再次向您推銷肥皂，是希望能得到您最真實的忠告和批評，可不可以麻煩您告訴我？就在幾分鐘之前，我在向您推銷肥皂的時候有哪些地方做得不夠好？或者是哪些話語讓您感到不舒服了？因為您的經驗比我要豐富得多，成就也比我大，所以，請您坦誠的給我指教，不加任何掩飾的告訴我。」這時候的客戶往往再也找不到推諉的理由與藉口。所以之後的銷售任務也會輕鬆順暢許多，他也是因此才快速的成為了銷售冠軍。

那麼，當我們遭受別人不公正的批評或者對待時該怎麼辦？羅賓遜告訴我們的一個很實用的辦法：「當你覺得自己受到不公正的批評而生氣的時候，先停下來告訴自己先『等一等』。我離所謂完美的程度還差多遠？如果愛因斯坦承認百分之九十九的時候他都是錯的，也許我至少有百分之八十的時候是錯的，也許我該受到這樣的批評。如果確實是這樣的話，我倒應該表示感謝，並想辦法從批評裡得到益處。」

有人曾批評富蘭克林主觀傲慢，在他認真反思之後，便給自己立下了一條規矩：絕不正面反對別人的意見，也不許自己武斷行事。此外，他還給自己提出了嚴格、細緻的改正方案，用以克服自己的性格缺陷，這不但是富蘭克林的成功之道，更是所有聰明人的成功祕訣。

做事有時要享受過程，別太看重結果

每天，只要我們稍稍留意，就會在路上看到很多行色匆匆的路人：有些是著急上班的，有的是趕著上學的，也有抓緊時間要會見客戶的……為什麼大家工作與學習的步伐是如此匆忙呢？如此快節奏的生活，又怎能不對自我的情緒產生影響？如果一個人的情緒欠佳，那麼又怎能保證身心的健康呢？

現代人在路途中的匆忙，為的是工作，為的是學習，為的是家庭。那麼，這種所謂的結果究竟是為了更好的生活，還是這樣的生活是為了更好的結果？這樣的問題相信不同的人會根據自己的實際狀況給出不一樣的答案。

有這樣一個哲理故事：

有一對住在八十層樓的兄弟。一天，他們從外地旅遊回來，突然發現整棟大樓都停電了！疲勞的他們拖著沉重的行李，但是想快點到家的話，除了搭電梯就是爬樓梯。但是，現在整棟樓停電，搭電梯上樓已經不可能了。在這種別無其他更好選擇的情況下，哥哥建議弟弟：「我們就爬樓梯上去吧！」

接著，兄弟倆提著碩大的旅行箱開始向上爬。等兩人艱難的爬到二十樓的時候，他們實在累得不行了，哥哥說：「旅行箱太重了，我們不如先把這些行李放在這裡，人先走上去，等電來了之後再搭電梯回來拿。」商量好之後，二人便把行李放在二十樓。這次再走的感覺要比之前輕鬆很多，他們繼續向上爬。這次他們在爬樓的過程中還能說說笑笑的。但等剛爬到四十樓的時候，兩人再次感覺累得不行了。於是他們不得不再次停下來休息。

「爬了這麼長時間，爬的這麼累，才走了一半，還有一半的樓梯等著我們，簡直要把人累死。」此時的兄弟間便開始有了指責，埋怨。哥哥怪弟弟不提前看清楚大樓近期的停電公告；弟弟則抱怨哥哥的提議差點把人累死，當初就不應該聽哥哥的話爬樓梯。可是，埋怨歸埋怨，責備歸責備，處在目前這個狀態下的哥倆並沒有因為互相責備而停止繼續爬樓梯的腳步，他們就這樣在相互的抱怨聲中爬到了六十樓。他們累得簡直連爭吵的力氣都沒有了。到六十樓時，弟弟對哥哥說：「好了，我們不要吵了，快點回家吧。」接著二人靜靜的繼續向上爬。終於到了八十樓！等他們汗流浹背的來到自己的家門口時，兄弟倆傻眼了，原來家門的鑰匙留在了二十樓的行李箱中。

雖然我們在笑過了這對兄弟傻傻的爬樓梯事件之後，也多少對他們的辛苦感到無奈與同情。那是因為從兄弟兩人的身上似乎隱約的看到了我們每個人的影子：二十歲之前，我們辛苦的活在家人與老師的殷切希望下，身上背負著太多的壓力。也許是由於自己還過於稚嫩，能力有限，因此步履難免不穩。二十歲之後，大部分人離開了過去師長的壓力，卸下了沉重的包袱，開始全力以赴的追求自己的夢想，就這樣又很快的度過了二十年。可是等到了四十歲的時候，才突然發現自己的青春早已不在，難免會產生太多的懊悔，於是就開始遺憾這個、痛惜那個、抱怨這個、嫉恨那個，就這樣在不斷的抱怨中再度過了二十年。等到了六十歲之後，才發現人生已所剩不多，於是偷偷告訴自己千萬別再抱怨了，好好珍惜剩下的日子吧。於是接受現實且在默默的遺憾中走完了自己的餘生。等到了生命的盡頭，才突然想起自己好像還有什麼事情沒有完成，還有多少未了的心願空蕩蕩的停留在原地，大部分的夢想都還駐足在二十歲的青春歲月中。

同樣的例子還有很多，我們似乎都是為了快點到達目的地而疲憊的甚至是行色匆匆的趕路，卻不知不但影響了別人，也傷害到了自己。其實，匆匆趕路的人，他們也許在擁有了一些物質東西的同時，也失去了更多的美麗與感動。

喜歡早起，也要學會放慢腳步；努力工作，但也應輕鬆對待；想要結果，但也要享受過程……靜靜感悟，生活是那樣的美。在追逐清風的時候，不要忘記感受藍天、白雲、陽光、雨露、花草、樹木，一切的一切都足以帶給我們深深的感動和喜悅。

「一個人如果學不會愛自己，又怎麼會去愛別人？」所以說，無論是為了學業或事業，都不能用自己的身心作為代價，這不是愛，而是傷害。這是一個非常淺顯的道理。每個人都希望甚至已經在用最短的時間去艱難的走著最長的路。因為他們迫切的希望看到目的地的日出，卻遠遠的忽視了路邊最美的花兒。而最終的結果往往是只抓住了時間的尾巴，卻丟失了生活最根本的意義。

第三章　自律自省，積極向上

因為自律自省，我們才會慎言慎行，它是我們每個人走向成功的瑰寶，是承載我們駛向幸福彼岸的航船，是埋藏於心靈深處的港灣。它的存在不受外界任何干擾，任何人都可以自主的規範、約束自己，所以道德的最高境界即是自律自省。

一個人若想收獲成功，必定需要一個明確的奮鬥方向以及走向成功的堅定信念。在前兩者都具備的條件下還有最為關鍵的一點，那就是自始至終都應該保持一顆積極向上的進取心。

堅持不斷反省，認清真實的自己

因為我們的存在，因為我們的獨一無二，所以我們的價值就是盡量保持自我本色的不變。我們不應該浪費一分一秒的時間去模仿別人，也不該為了與別人保持一致的步調努力改變自己。每個人都應該能夠很好的利用上天賜予我們的優勢去創造自己的世界。

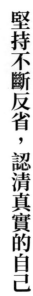

從主觀方面要不斷嘗試著認識並且接受自己，盡可能的讓自己生活得輕鬆一點。一個懂得自省的人常常會審視自己的內心，他會問自己「我今天學到了什麼?」、「我今天的做法對嗎?」、「我怎樣才可以做得更好?」、「明天的目標將是什麼?」如果能夠常問自己，自己將如同一件正在雕刻的藝術品一樣得到雕刻家的精心雕琢。

艾曼達太太從小就很靦腆，對於任何事情都特別的敏感。她的體型一直以來偏胖，而她那張典型的略帶嬰兒肥的臉使她看上去比自己的真實體重還胖很多。艾曼達有一位性格古板的母親，在她母親眼裡：如果誰把衣服弄得合身一些，將會是一件多麼幼稚可笑的事情。她還經常對艾曼達說：「寬的衣服比窄的衣服穿起來舒服，而且還更耐穿。」而母親也總是按照自己說的去做，尤其是在給艾曼達縫製衣服的時候，每件衣服幾乎都是鬆鬆垮垮，讓本來就略顯臃腫的艾曼達看上去顯得很邋遢。所以，艾曼達從小就因為自己整日不合身的衣服，不敢與其他的小孩一起玩，甚至連學校正常的體育課都不願去上。她非常的害羞，覺得自己和其他的人完全不同，一點都不討人喜歡。

所以，艾曼達成年後，不自信的她嫁給一個比她大十幾歲的男人。結婚之後的她並沒有多大的改變。她丈夫一家人對她很好，而且都很自信。艾曼達也想要盡自己最大的努力和他們一樣自信，但是她怎麼也做不到。家人為了讓艾曼達能變得樂觀自信起來，都盡可能的幫助她，從來都不會從正面去糾正她的一些自卑心理，擔心她會因此而更加膽怯。有段時間艾曼達甚至變得有些焦躁不安，她幾乎躲開了自己的所有朋友，情況糟糕到她甚至害怕聽到門鈴的響聲。艾曼達清楚自己是一個極度不自信的人，但是她又害怕自己的丈夫發現這一點。所以每次他們一起外出或是拜訪親戚朋友的時候，她都會假裝很開心，結果常常因為顯得過於做作而事與願違，讓大家都變得尷尬。之後艾曼達都會為此難過好幾天，糟糕的情緒蔓延的程度越來越強，直至最後，艾曼達想用自殺來結束自己卑微的生命。

可是，事情的結局並不像我們預期的這樣，艾曼達並沒有自殺，相反她卻成為了一位很優秀的職業女士。這麼大的改變其實就是聽到了婆婆無意間說的一句話，正是這句話改變了艾曼達的整個生活。

其實她的婆婆只是在與別人聊天的過程中，講出了自己是如何教育自己的孩子的。婆婆說：「無論事情怎樣發展，我一直都要求我的孩子們保持自我的本色。哪怕是在錯誤中，也要好好反省自己，讓自己認清真實的自己。這樣才能不斷的從錯誤中總結經驗，以便快速的成長起來。」

「保持本色！」就是這句話！在一剎那間改變了艾曼達的生活。她終於發現了自己為什麼會生活的那麼苦惱，就是因為她一直在走一條並不適合自己的路，那是別人給她設計好的，因為自我的封閉，自我認識的模糊，所以自己總是遊走在迷霧般的虛擬模式裡。

艾曼達後來回憶的時候說：就是在這一夜之間，我開始調整自己，開始尋找真實的自己。試著研究自己的個性，自己的優點，盡我所能去學習色彩與服飾方面的知識，盡量的選擇適合自己氣質與風格的衣服。也開始積極主動的聯繫我以前的同學朋友，結交一些志同道合的新朋友，還參加了許多有意義的社團活動。後來，我還幫助了很多像我以前一樣不夠自信，沒能活出自我的朋友。當我看著他們因為不夠自信而害怕參加社交活動，或者因為膽怯而不敢參加演講或是發言的時候，我就會信心滿滿的告訴他們：「請拿出你們的勇氣，因為你們是世界上獨一無二的人，你們每個人的身上都有別人不具備的優點。」看著他們躍躍欲試的樣子，我真的感到無比的快樂，這也是我自己從來都沒有想到的。之後甚至在我教養孩子的時候，都會把我之前經歷過的痛苦經驗告訴他們：「不管事情怎麼樣，總要保持本色。」

所以說，如果當你承認自己不完美的一面時，或許某件神奇的事就會發生。隨著你看到負面的部分，你也將開始發現正面的自己，那個美妙的部分可能是你之前從來都沒有認可或是注意到的。你也許會因此發生天翻地覆的改變。比如之前你發現自己的自私自利，後來卻突然覺得無私到簡直讓人不可思議的地步。

據說，電影中的希臘人左巴曾經形容自己「整個人都是災難」。如果這樣的話，那麼可以說，我們每個人都是災難，至少我們的存在直接或間接的可以導致某種災難的發生，只是我們盡量的不讓自己成為災難而已。我們常常都去否認自己無法接受的部分，卻很難接受自己不完美的現實。

承認自己的全部就像在說：「我雖然不完美，可是這樣的自己也很好。」當負面的特質浮現的時候，你可以從整體的角度去掌握。不要批判或評估這樣的自己，因為你只是一個正常的人，端看你能不能用冷靜與包容的態度來對待自己。或許你真的是「整個人都是災難」的實例，但是你完全可以用輕鬆的態度來看待它。

自省者自強，自律者自尊

人和人之間總是存在著或多或少、或大或小的差別。因為每個人從小成長的環境不同，生活的經歷不同，導致了人生的差異。那麼，我們又為何要苛求自己和別人做的一樣呢？願你跳出這個狹小的圈子，重新認真的審視一番自己。

作為眾所周知的成功女性，楊瀾的人生無疑是成功而幸福的。她不但成為了紅遍中國的知名節目主持人，而且還是最富涵養的職業女性之一，除此之外，她還擁有一個幸福的四口之家。總之，她具備了所有幸福女人該具備的一切。這樣的成功女性，肯定會被很多人所羨慕，尤其是女性朋友。

那麼，當我們看到她的成功時，有沒有人真正思考過，究竟是什麼使她獲得了如此巨大的成功呢？帶著這樣的一個疑問，就讓我們一起去看看楊瀾走向成功的祕密究竟是什麼？

一九八六年，楊瀾憑藉自己優異的成績順利考進了北京外國語大學。

一九九〇年，畢業之後的楊瀾，在近千名參加電視臺節目主持人競賽中的候選人中脫穎而出，以自己出色的表現贏得了這一很好的職位。可以說，這次競選的成功被幸運的楊瀾緊緊的抓住了，這也是楊瀾人生中的第一個重要機遇。

一九九四年初，楊瀾憑藉自己良好的主持風格，獲得了首屆主持人「金話筒獎」。

一九九八年初，楊瀾主持的訪談節目《楊瀾工作室》正式開播。自從主持了這檔人物訪談節目之後，使得楊瀾的生活變得更加的豐富多彩。在她採訪的人群中，除了社會菁英之外，還有許多業界的知名人士。之後，這些名流便也成了楊瀾社會交際中的重要部分。但是，孜孜不倦的楊瀾並沒有因為自己所取得的成就而停滯不前。她繼續發奮學習，不斷給自己充電，盡可能的讓自己的生活變得充實而又忙碌。可以說，楊瀾為自己創造的社交圈在一定程度上給自己事業的進步帶來了很大助推力。

如果說敢想敢做是楊瀾完美的性格特點，那麼自省自律就是楊瀾成功的優秀品質。一九九九年九月，楊瀾毅然決然的辭去了節目主持人的工作，自己成立了陽光文化電視控股有限公司。這一舉動使她的事業邁上了新的臺階。

任何一個人的成功都不可能是一帆風順的。楊瀾也一樣，她不單單收獲陽光，有時候也會經歷暴風驟雨。就在二〇〇四年，她遭遇了坎坷的經營之路。期間，陽光文化不僅經歷過低投入、高產出的強勢成長，還經歷了巨額虧損。但楊瀾自強的性格使得她與陽光文化一次次的渡過難關，並且進入到了一個完全嶄新的新陽光時代。

和其他女人一樣，楊瀾也有著自己柔弱的一面。她說：「我這個人還是比較中庸的，或者說是比較保守，也害怕危險的存在、也擔心失敗的影子。但是我寧可在嘗試中失敗，也不讓自己在無為中成功。正是心中一直存在這樣的理念，所以我在不斷的嘗試新的東西，而且也一步步的走向成功。」恰恰就是楊瀾的這種鮮活的個性，打造出了她多姿多彩的幸福人生。

一個人尚且可以做到如此，那麼對於一個民族，一個國家來說，為何不能讓自己也變得更加繁榮富強起來？若是真的等到了那一天，那麼別人也一定會為你的美而讚嘆。曾聽人這樣說過：「外國的月亮總是比較圓。」這究竟是一種什麼樣的思想呢？正常的人是絕對不會相信的。難道就是因為美國的經濟比較發達，我們就應該毫無原則的去崇拜、去模仿嗎？

所以，過往已有東施效顰者，邯鄲學步者也不乏其人。人，有個性差異的不同；國，也有地域環境的差別；如果只是一味的盲目模仿，最後的結果也許只能是：既沒得到自己想要的，還遺失了自己最寶貴的東西——自省、自律、自強、自尊。一個能夠正確認識、對待自己的人，將是永遠前進的人，一個富有民族自尊心和自信的國家才是真正偉大的國家。

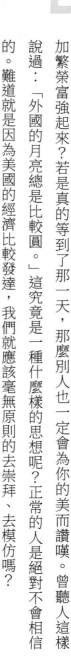

封閉自我者路窄，開放自我者路寬

現實生活中，如果一個人總是活在別人的權威或者壓力之下，對於他來說，幾乎沒有什麼好的前景，即使他有著很優秀的基因或者是不錯的天賦，如果一味的自我約束或者束縛，最終也會一事無成。相反，如果一個懂得開放自我的人，他不僅僅會將自身潛藏的巨大能量釋放出來，而且也很有可能學習到更廣泛的知識，發掘出更有價值的智慧寶藏。

小澤征爾，世界著名交響樂指揮家。一次，在歐洲舉辦的交響樂指揮大賽的決賽中，當小澤征爾按照評委會給他的樂譜進行指揮演奏時，他發現如果按照樂譜進行指揮的話，有些地方聽起來不是非常的和諧。憑直覺，他認為這一定是樂譜出現了問題。於是，他結束了之前的演奏，又重新指揮了一次，但是他仍然不滿意，覺得有些地方還不是很到位。小澤征爾不得不再次停了下來。這時，坐在評委席上的一些作曲家和評委會的權威人士再次鄭重的宣告：樂譜根本沒有絲毫的問題，而是小澤征爾自己產生了錯覺。此刻，面對這些有名望的音樂大師以及一些音樂界的權威人士，他靜思了片刻。突然，只聽小澤征爾大喊一聲：「不，一定是樂譜出現了問題！」話音剛落，評委席上立刻傳來熱烈的掌聲。

原來，評委們成功的表演了一齣由他們精心策劃的巨大陰謀。他們這次演出的最大目的就是想以此來檢驗指揮家們是否能夠在發現樂譜錯誤並一再遭到權威人士「否定」的情況下，完全以開放的態度來對待自己。是否能夠在發現錯誤的情況下，堅持相信自己是正確的判斷。倘若能夠堅定的做到這一點，那麼，一定會收獲成功。

那次指揮競賽，在小澤征爾參賽之前就已經有兩位參賽者被早早的淘汰掉了。儘管他們和小澤征爾一樣，發現了問題的所在，但是他們又不敢相信自己的判斷，故步自封，終因屈從權威而遭淘汰。小澤征爾卻不同，他不但沒有被外界的權威所嚇倒，反而根據自己準確的判斷與評委進行了力爭，終於摘取到了世界音樂指揮大師的桂冠。

所以說，無論遇到多大的壓力，如果能夠始終以開放者的心態來要求自我的話，那就是一種偉大的表現。如果一個人要想保全自己，故步自封的話，那麼，就很有可能出現舉步維艱或者倒退的現象。當然，我們也不能為了一路高升，或者因為名利而過度放縱自己，迷失自己，始終都應該是建立在良好發展的基礎之上，按照做人的原則要求自己。

有這樣一個故事的寓意也很深刻：爺孫倆上市集買了一頭驢往家裡趕，爺爺看孫子小就讓孫子騎在驢背上趕路，走著走著，就有路人說：「這孫子真不懂事，爺爺年紀大了，還讓爺爺走路。」孫子聽後，於是就下驢讓爺爺騎著走。但沒走多久，又有路人指責爺爺：「一點都不疼小孫子，孩子那麼小，自己竟然騎在驢背上。」爺爺聽後，倒也覺得有理，於是讓孫孫和自己都騎著驢子繼續趕路。沒過多久，又遇到一個路人，很心疼的看著驢子說：「驢子呀驢子，你竟如此苦命，小小身體竟要背負如此重荷，這爺孫存心是想把驢子給累死，真是可憐呀！」說罷，還不忘擠出兩滴眼淚。爺孫聽後，便也覺得他們的做法有些過分，於是二人前後下了驢，並把驢的四蹄綁在一起，抬著往前趕路，後來兩人經過一座橋一個重心不穩，買來的驢落水被溪流沖走了。

祖孫與驢的故事相信在這個世上肯定是沒有，但是發生類似的事情倒也不見得就沒有。因為這對祖孫的思想過於封閉，主觀上又缺少一定的主見，所以才會在別人的多次建議下更改自己騎驢趕路的方案，最後還落得個尷尬與愚昧的下場。

一個人想要做大事，如果從思想上不能夠放開闊，那麼，他們就很容易被外界的聲勢或者輿論所左右。即使自己的前景再好，未來再光明，也會受限於外部的影響而沒辦法更好的釋放自己。真正會做事的智者往往都是能夠自由支配思想，能夠在不斷的創新與進取中發揮特長，堅持自我原則，積極開拓新領域的英雄。在他們的世界，根本就不會有外界阻止的聲音，因為他們的見識與膽略足以使他們前進的道路越走越寬，越來越平坦。

做人不能太封閉！做事情難，堅持用開放的態度做事情可能會更難。如果說盲目自信是固執的話，那麼偏聽偏信也許就是犯糊塗。準確的定位，適度的開放也許能夠更清楚的認識到事物的本質。堅持自我開放其實就是堅持真理、堅持勝利。不管事情如何發展，自己的主觀思路總是會起到引領的作用。

對於別人的意見或者建議，既可以辯證的聽取，也可以辯證的採納，但是最根本的出發點還是要從事物的整體發展情況判斷並選擇。即使計劃好的事情也有可能隨著某些意外的因素而發生或多或少的變化，那麼，只要意念堅定，主題思想不變，宗旨不變，保持思維的活躍，思想開放的人一定可以獲取勝利。

一味忍讓不可取，適時反擊理所當然

有些人在生活中總是守本分、守規矩，他們在工作上也一直都兢兢業業、任勞任怨，他們潔身自好，幾乎可以說在每個方面都做得很好，而且從某種程度上看，也算達到了社會規範的基本要求。

這些人，在上司眼中往往也算是比較忠誠的服從者，在同事心中也是近乎完美的好人形象。但是，一次次的誇獎背後，卻有著他們訴不完的苦衷與委屈。很多時候，他們都是在吃啞巴虧。那麼，為什麼好人沒有得到相應的報酬呢？這種看似不正常的現象其實在我們身邊很普遍的存在著。究其癥結，只是因為好人們的一味忍讓使得他們在本該享受自己權益的時候靜靜的低下了頭，而當他們本該擁有屬於自己的獎勵時候默默的走開，因為他們的忍讓與怯弱，使得原本屬於他們的一切就這樣與他們失之交臂。

猶太人的經商之道可以說是非常成功的。因為在他們做生意的時候是絕對不允許出現模棱兩可或者是馬馬虎虎的態度。尤其是在他們討價還價的時候更是如此。他們對於自己獲得的利潤，計算的非常仔細，就算是一分一毫，都會很清楚的放在心裡。只要是他們認為自己該賺這麼多，就不會因為顧客再三的討價還價而減少售價。

這個道理很簡單，因為我們也經常去買東西。如果賣方以他的價錢賣給我們的話，我們總是不會按照他給出的價錢買，我們肯定會以低於報價去和老闆砍價。如果老闆很爽快的答應按照我們的出價拿貨的話，也許我們還會繼續和老闆殺價，這也就是買賣難做的關鍵。有些做小生意的，本來批發價就低，售價也不會太高，但是一些想買的人還是一味的希望老闆價錢再低一些。

單純的忍讓，有時候就意味著自我原則的喪失；單純的忍讓，有時候意味著自我人格的辱沒；單純的忍讓，有時候意味著我們的軟弱可欺；單純的忍讓，有時也意味著將要面臨步步緊逼的危險；單純的忍讓，也許就意味著自己即將深陷絕境之中。

人們普遍存在這樣一個觀點：與人「爭」似乎顯得有些不道德。因為我們都是接受傳統儒家思想教育的人，前人總結給我們的都是「凡事都應以忍為先」；因為道德講究的是無私奉獻，只講付出、不求回報的。其實，爭取自己的利益是一個與道德完全無關的問題，在一定意義上是講按勞分配、等價交換的。

有的時候挺身而出、奮力反抗的效果要比忍氣吞聲強上百倍。得寸進尺是愚蠢者慣用的伎倆，若一方一再的忍讓只會助長另一方的囂張氣焰。所以，該出手時就出手，在適當的時候，做出有力的還擊，讓他們明白別人也不都是那麼好欺負的。對於那些得寸進尺的人，忍讓的結果只能讓他們變本加厲，更加的肆無忌憚。

而我們之前講的關於「忍」的話題，絕對不是勸告大家都變得怯懦。因為真正的忍需要一種境界，是一種以退為進的手段。那些只是一味的退讓，而不考慮自己真實想法、不思進取的人，如果總是忍讓的話，反而會讓他們永遠也爬不起來。

如果你是一位在職場打拚已久的人，無論你身處何位，無論你名聲如何，都應該學著爭取本該屬於自己的東西。一味的忍讓並不能證明你有多好，這也不屬於道德層面的東西。巧妙的反擊恰恰證明了你的聰明才智與辦事的能力。也許，你爭取的不僅僅只是物質層面上的金錢，更重要的是你該享受的權益或者你存在的人生價值。

努力不一定成功，放棄則一定失敗

有時候想想，人生其實真的就像是一個尋寶的過程，不管你有多麼的努力去尋找寶藏，只要有付出，即使沒有成功，也會有點滴的收穫，但一旦澈底放棄的話，就什麼也得不到。

美國淘金時代的故事：青年農民勞埃德變賣了自己的全部家產，來到科羅拉多州實現自己的黃金夢。他幾乎用盡所有變賣得來的資金圍了一塊土地，緊接著就用鐵鍬進行艱苦的挖掘。經過幾十天的辛勤工作，勞埃德似乎隱隱的看到了閃閃發光的金礦石。終於，皇天不負有心人，他挖到了一些小顆的金礦石。這時候如果要繼續開採的話，必須有大型的開採機器。於是，發現金礦石的勞埃德便悄悄的把已經開掘的礦基用浮土掩埋好後，他四處湊錢，準備購買大型機器。

後來，勞埃德終於費盡千辛萬苦的弄來了開採金礦的大型機器，並且還夜以繼日的繼續開採著。他挖出了一堆普普通通的石頭，但是他依然沒有放棄。繼續向下挖掘，還是石頭；繼續，依然是石頭。看到這種現象的勞埃德認為：也許是自己沒有找準金礦的位置，也許金礦已經被別人挖光了。那麼，自己之前所做的一切豈不是徒勞？此時，難以維持生計的勞埃德除了無法承擔窘迫的債務危機還要承受極度的精神壓力。迫於生活壓力的他只好把自己當初高價買來的挖掘機以廢鐵的價格賣到了廢品收購站。

聰明的廢品收購站主人聽說了這件事情後，他悄悄的請來了一位專門研究金礦分布情況的專業工程師，最後經過工程師對現場進行了精密的勘探之後，得出的結論是：如果能夠再深挖三尺的話，就可以看到金礦了。於是，廢品收購站老闆按照工程師的指引，買下了那塊地，在勞埃德挖掘的基礎上不斷的深挖。終於在之前挖掘的基礎之下三尺的地方，挖到了豐富的金礦脈，獲得了數百萬美元的利潤。

後來勞埃德在報紙上看到了這一驚人的消息，簡直被氣得捶胸頓足，但是無論如何，對於他來說都已經是追悔莫及了。

勞埃德淘金的故事告訴我們的是：無論做什麼事情都不能半途而廢。即使在看不到任何希望的時候，也千萬不要輕易放棄努力，儘管努力不一定成功，但是放棄卻一定不會成功。這樣簡單的道理相信每一個人都懂，可是往往人們在做事的過程中，卻常常不能夠正確面對事情的發展。人們喜歡事物的發展能夠按照自己預想的那般順利，卻想方設法的避開或者逃離失敗的打擊，殊不知這天下間哪有事事都能盡如人意的道理呀？

雖說失敗與挫折是走向成功道路中所不可避免的，但如果因為害怕挫折失敗而放棄自己最初的堅持的話，那麼永遠都不可能獲取成功。無論做什麼事，只要不放棄，就會一直擁有成功的希望。假使你原來懷有百分之九十九成功的慾望，但又冒出了百分之一想要放棄的念頭，那麼，對不起，你根本不可能成功。

一條僻靜的馬路邊出現了兩隻飢餓的小青蛙，因為長時間的過度飢餓，牠們便迫不及待的向路邊一個大大的牛奶罐衝了過去。或許是牠們確實太餓了，所以就在你爭我搶的時候，一不小心雙雙都掉了進去。儘管奶罐裡所剩的牛奶已經沒有多少，但是這些剩下的牛奶對於兩隻小小的青蛙來說，仍是可以讓牠們體會到什麼叫做滅頂之災。

掉在牛奶罐裡的兩隻小青蛙開始拚命掙扎。其中一隻小青蛙撲通撲通一番折騰之後就想：哎呀，完了，這次死定了。這麼高的奶罐啊，究竟什麼時候才能出去呀？也許這輩子都見不到陽光了。剛一想完，牠很快的沉了下去。當另外一隻小青蛙看見自己的同伴墜落於奶罐底部時，它的求生意念反而變得更加強烈。牠沒有因為同伴的墜落放棄自己，牠不斷的努力著向牛奶罐的開口處跳躍，希望自己能夠使出再大一些力氣好可以跳出罐子，牠還不斷的提醒自己：「是上帝造就了我，祂不僅為我塑造了完美而又發達的肌肉，還賦予了我最堅強的意志力，所以，我相信我一定可以跳出去。」每每想到這些的時候，這隻小青蛙都會鼓足勇氣，拚了命似的奮力向上跳，一次、兩次、三次、四次……一次次的失敗，一次次的跳躍，牠的生命之美全部展現在了這一次次完美的跳躍之中了。

牠就這麼跳呀跳呀跳得，都不知道跳了多久，筋疲力盡的牠才突然發現自己腳下的奶液怎麼都不見了，看到的是一片白乎乎的東西。

原來，就在牠一次次劇烈跳躍的時候，已經把液態牛奶中的水分透過上下攪動給揮發掉了，所以才變成了現在這樣白白軟軟的乳酪。奶罐內部的深度隨著乳酪的形成有些減少，這隻小青蛙後來就踏著乳酪非常輕鬆的跳出了奶罐，這隻努力的青蛙得救了。

這隻透過自己不懈努力換取自由的小青蛙，牠不但在奶罐裡吃到了香甜可口的乳酪，而且還借助乳酪的高度跳了出來，又重新回到了屬於自己的綠色池塘裡。而那隻放棄生命的青蛙卻永遠的留在了那塊乳酪裡。

有時候成功的意義就像荀子的《勸學篇》中寫的那樣：「鍥而不捨，金石可鏤；鍥而捨之，朽木不折。」儘管黃金與石頭遠比朽木的硬度要高的多，而雕刻的人如果不因為它的堅硬而輕易放棄的話，依舊能夠雕琢出世界上最完美的藝術品。而對於一些即將腐爛的朽木，如果你因為它的破爛而半途而廢的話，那麼朽木終將還是一根朽木，永遠不會成為雕刻品。成功不也正是這樣的嗎？所以，只要你孜孜不倦的去努力追求，相信一定會看到「精誠所至，金石為開」的結果。

真正的勇士，無所畏懼

信心，對於每一個人來說似乎都顯得那麼的彌足珍貴。那麼，一個想要獲取成功的人，首先必須具備的基本素養就是擁有一顆完美的自信心。如果想要生活、事業雙雙豐收，那就必須得不斷的去做一些可以增強自信心的事情。若要擁有一顆堅強的心，首先必須承認並且接受那位鏡子中的自己。

一個人在做事的過程中，除了擁有自信心之外，勇氣也是必需的重要品質之一。倘若樹立了很好的自信心，但不具備面對一切的勇氣，那麼，即使心中的夢想如何美好，都無法讓這個美夢變成現實。一個渾身充滿勇氣的人是永遠都不會被打敗的。

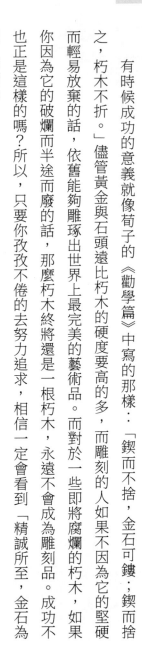

艾森豪，美國總統，他的一生充滿了戲劇性的傳奇色彩。在他很小的時候，因為膽小而常常被他的兄弟姐妹戲弄。一次，他獨自跑到叔叔家裡去玩。剛到一會兒，他就發現了叔叔家的後院裡養著兩隻肥肥壯壯的大鵝。於是，艾森豪便輕輕的邁著步子朝大鵝走去。這時，其中的一隻大鵝突然大聲的怪叫著向他撲了過來。小小的他哪裡見過這樣的陣勢，於是嚇得撒腿就跑，邊跑邊哭著去找叔叔。

看見被嚇壞的小艾森豪，叔叔心疼的愛撫著他的頭。見他情緒稍微平靜之後，叔叔便遞給艾森豪一把大掃帚，堅定的對他說：「艾森豪，你一定要戰勝它！」

當高高舉著大掃帚的艾森豪再次站在大鵝面前時，他心裡不那麼緊張害怕了。這回當大鵝又一次朝他撲過來的時候，他鼓足了勇氣，衝向大鵝，並掄起了手中的大掃帚，還不忘大聲的呵斥著。大鵝見狀，扭頭就跑。艾森豪並沒有放棄，而是緊緊的跟在大鵝的屁股後面，直到追上為止。為了給這隻可惡的鵝一點教訓，艾森豪在追到大鵝之後用掃帚狠狠的拍打著鵝屁股，直到鵝慘叫著了跑開了。從那天以後，只要那隻鵝看見艾森豪，就會跑得遠遠的，生怕自己再次挨打。

自從打鵝事件之後，艾森豪深深明白了一個道理：無論什麼時候，不管對手是誰，只要自己不放棄，能夠鼓足勇氣迎上去，就一定可以打敗對方，取得勝利。

有段時間，在艾森豪每天放學回家的路上，他總會被一個和他年紀相當、而且比他高大強壯許多的男孩追趕。這天，剛好被回家的父親撞見，父親很是生氣的對著艾森豪大喊：「你為什麼要一直容忍那個傢伙的無理追趕？這樣的躲避，你要堅持多久？一輩子嗎？趕緊去把那個傢伙給我趕得遠遠的！」

這時嚇得慌了神的艾森豪被父親的斥責點醒了，於是，他停下了匆忙要逃的腳步，狠狠的看著自己面前那個可惡的傢伙。艾森豪就像父親所希望的那樣舉起拳頭就向對方的臉部襲去，這一拳倒是真把對方給嚇著了，看著艾森豪猛烈的反擊，那個傢伙不斷的向艾森豪求饒：「我只是想嚇唬嚇唬你的，並沒有真正想要欺負你的意思。你比我厲害！饒了我吧，我以後再也不敢追趕你啦！。」說完，這傢伙竟然趁著艾森豪父子不注意的時候，偷偷的跑開了。

這次打人事件之後，艾森豪又一次明白了一個道理：不要一味的被別人表面的強大所嚇倒，因為一些看上去耀武揚威、聲勢浩大的人，其實並不見得就有多厲害。也許他們只不過是一些外強中乾、運用某種小伎倆來欺騙人的小角色罷了。所以，當面對貌似比自己強大的對手時，一定要讓自己從恐懼中走出來，這也是培養勇氣最有效的方法。

一個真正的勇士，本身就具有能打垮一切的堅定信念，也具備面對一切突發事件的鎮定與控制危險局面的魄力，更具備在艱難險阻中繼續前行的堅毅。

一顆勇敢的心與一個堅定的信念是醫治恐懼的最佳方案。信心與勇氣是克服困難的最好途徑，這就好比化學實驗中的酸鹼中和反應，在腐蝕性極強的酸裡加入一定比例的鹼，就能夠調配出最合適的化學溶液一樣。

美國作家海明威的著名小說《老人與海》中成功的塑造了桑提亞哥的勇敢形象，一直激勵著成千上萬的讀者不斷前進。小說中的主人公桑提亞哥，一位風燭殘年的老者，在自己出海八十五天，餓的幾乎沒有絲毫回家的力氣之後，才釣到了一條體形碩大的馬林魚。這條大魚拖著小船向大海中游，老人緊緊的拉著自己的小船不放。老人在自己沒食物、沒水、沒武器、沒幫手、而自己又受傷的情況下與這條大魚在離岸很遠的灣流處整整較量了三天。老人成功了，他費盡最後的一絲氣力殺死了這條巨大的馬林魚之後，將牠綁在自己的小船邊上。

「一個人可以被毀滅，但他永遠不會被打敗」這是所有勇者無所畏懼的表現，更是不斷激勵世人的座右銘，讓每一個積極進取的人刻骨銘心，難以忘卻。

小說中老人最後的勝利足以向大家證明了：一個人也許可以在瞬間毀滅，但是他的精神卻永遠不可能被打敗。小說展現給大家的是勇敢奮鬥的老者，當他面對比自己強大的外敵時，他始終堅信：只要自己不屈服，就一定可以戰勝牠。

有位哲人說過這樣一句話：「迎頭搏擊才能前進，勇氣減輕了命運的打擊。」而民間也有一句俗話：「狹路相逢勇者勝。」從這兩句話中我們看到的是：一個人的勇氣與膽識都是在不斷的失敗與挫折中磨練出來的。越是勇敢，越不怕困難；越是不怕困難，越能激發出潛藏的勇氣。敢於面對，就一定能夠迸發出強大的力量。

時刻努力不放鬆，此生定能迎成功

成功的人不一定擁有超人的智慧，上天也不會賦予他們特殊的才能。其實，世上的每一個人從一生下來便是平等的。只是，每個人在運用自己的資源時存在著不同程度的偏差。縱觀歷史，很多的成功人士幾乎都經歷過命運的考驗、遭遇過生活的不濟與坎坷。

有位著名的心理學家曾說過這樣的話：「人最出色的成績往往都是在非常艱苦的環境中做出來的。有時候，思想上承受的巨大壓力，甚至包括肉體上遭受的一些痛苦往往都成了鼓舞人們不斷前進的興奮劑。許多名人志士多數都在心理上遭受過或大或小的打擊。」還有人說：「如果能夠做到遭受壓力而不氣餒，遇到挫折能夠知難而進，那麼就沒有做不成的事。」

約翰尼斯．克卜勒，行星運動三大定律的發現者，也是一位在逆境中成長起來的知名學者。他為後人留下的是一筆無限的財富。儘管他到死都一直承受著疾病與貧困的折磨，但是他為這個世界，為子孫後代作出了巨大的貢獻。

可憐的克卜勒是個早產兒。在當時那個艱苦的年代裡，出現這種情況的嬰兒，想要存活下來，幾乎是不可能的。但是，克卜勒卻奇蹟般幸運的活了下來，但可憐的克卜勒卻被大大小小的疾病纏身一世。

成年後的克卜勒有過兩段不幸的婚姻經歷。他的第一任妻子是個離過婚的女人，年齡比他大好幾歲，而且整天就喜歡嘮嘮叨叨，還特別喜歡與人吵架。他的第二任妻子是位中年婦女，從前在一個大戶人家做婢女。他們結婚之後，這位妻子整天因為克卜勒領不到薪水、買不起化妝品，就板起面孔，大聲吼叫。如果單純的只是婚姻的不幸，那倒還好一些。更慘的是當時的皇帝患有嚴重的精神病，他不但讓克卜勒為自己占卦，還常讓他看看星象，並且告訴他什麼時候才是發動戰爭的最佳時機。

為了不斷滿足自己妻子的過分要求以及那位有點偏執狂的主人，他努力支撐著自己虛弱的身體和極差的視力拚命的工作著。克卜勒經常熬夜埋頭做研究。由於他大量的書寫，眼睛過於靠近桌面，導致了他的視力極度下降。有次眉毛甚至被蠟燭的火焰燒了個精光。終年的疾病使得他遭受了非常人所能承受的苦痛。

也許命運之神在拿走你一樣東西的時候就會送給你另外一件禮物。就像人們常說的那樣：「如果上帝關上了原本屬於你的門，但是祂又會為你開啟另外一扇窗。」儘管他的身體狀況非常差，但是克卜勒憑藉自己模糊的視力，在一連串紛繁複雜的數字中找到了自身價值的所在。他不但發現了具有無窮魅力的星球幻象，而且還從簡單的紙上數字中，找到了能夠打開宇宙之門的神祕鑰匙。

身體虛弱的克卜勒，以他頑強的性格，堅定的意念戰勝了自己。他幾十年如一日的堅持不斷研究學習。時間真的過得好快，克卜勒就這樣被淹沒在堆得像小山似得觀測資料和計算方法的紙堆中。

克卜勒真的是個堅強的不幸者。即使在天花奪去自己孩子生命的時刻，他也仍不忘繼續他的偉大研究。災難性的鼠疫來襲了，大家都在四處逃難的時候，他卻披著破爛的毛毯，帶著滿麻袋的原稿繼續研究工作。

所有的疾病、大大小小的災難、空蕩蕩的錢包、巨大的精神打擊都沒能阻止他研究的步伐，無論何時何的克卜勒都沒有放棄自己的事業，自己的追求。

很多年過去了，克卜勒一直都沒間斷過他的創作研究。他夜以繼日的計算，皇天不負有心人，終於繪製出了有一千顆星球的準確圖案。此外他還提出了用兩個凸鏡頭與測量交錯點的使用方法，為後來的人們發明現代天文望遠鏡奠定了堅實的基礎。

如果沒有歷史的記載，也許根本不會有人相信，世界上發現有關行星運行三大定律的「克卜勒」，居然是這樣一個有著嚴重疾病的病人。雖然他被種種病痛折磨著，但他以他頑強的奮鬥精神為新的微積分學奠定了基礎。

記得曾經有位哲人說過：「百分之九十的失敗者其實不是被打敗的，而是自己放棄了成功的希望。」而常說的「九九進一，成在其一」，這其中的「一」具有關鍵性的意義，其中也蘊藏了許多成功的智慧。所有的成就與成果，完全可以理解為後人承繼前人走過的九十九步之後所產生的。就是無論在什麼時候什麼地方，只要時刻謹記自己奮鬥的目標在哪裡，並且積極的為之努力奮鬥著，那麼相信永不放棄信念的人終將得到自己理想中的成功之果。

永遠向上走，否則跟不上節奏

想做偉人、想成名人、想獲得財富、想收獲名譽，總之，太多的想法只不過是為了實現自己曾經太多的夢想，滿足自己更多的需求，過上豐富多彩的生活。但是，這些美好夢想的實現是需要不斷的奮鬥和堅定的信念來作為支撐的。一旦脫離了這兩者，也許就算你只想過一種最平淡、最普通的生活都可能成為奢望。

如果自己都無法駕馭自我，那麼，你也只能被別人牽著鼻子走。只有心中有夢的人，才會為了夢想的成真去不斷努力向前，也終究可以體會到成功的喜悅與幸福的滋味。

有個小男孩名叫家齊，在上學的時候，因為自己理解力較差，常常被老師訓斥，也被同學瞧不起。因為同學經常性的嘲笑，忍無可忍的他與同學大打出手，校長還特意讓他叫他的媽媽來給人家孩子賠禮道歉。

看著家齊很不理想的學習成績，還有他在學校的這種表現，他的媽媽感到既失望又傷心。但是作為媽媽，她是不願放棄孩子的。媽媽決定就算自己不出去工作，也要把家齊培養成才。回到家之後，無論媽媽如何辛苦的教，家齊如何努力的學，都無法達到媽媽所希望看到的那樣。孝順的家齊知道媽媽對自己抱持的希望，為了讓媽媽能夠對自己放心，他也一直堅持不斷學習著。

一天，家齊正學得有點煩，媽媽見狀，便拉著小家齊和她一起上街買菜。路過一家超市的時候，家齊突然看見了一個正在雕刻的人。家齊輕輕的走到雕刻者的跟前，用心的看著雕刻者的一舉一動，他看的是那麼的認真，那麼的用心。

從那以後，媽媽發現小家齊在家裡只要是看到一些小木頭或者小石頭之類的東西，他都會認真而仔細的按照自己的想法去畫草稿、去臨摹、去雕琢。但是對於讀書學習卻是提不起半點兒興趣。他著了魔似的整日手裡握著一把小刀，專心的在小木條上刻來刻去。

媽媽是看在眼裡急在心裡，她苦口婆心的勸告家齊，希望他能夠繼續好好讀書，但他似乎已經迷失在了雕刻的世界裡。當家齊的成績單寄到家裡時，媽媽真的是澈底失望了，帶著沮喪的心情對他說：「以後的路，你自己看著走吧！因為你已長大，沒有誰能為你負責。」

家齊從媽媽的眼裡看到了失望。他難過極了，但是自己確實沒有辦法好好學習。最後，為了不讓媽媽過於擔心自己，他決定出外學習能讓自己有所發展的生活技能。

時間過得真快，好多年過去了。小家齊的老家所在的城市為了紀念一位名人，便決定在市政府門前的廣場上雕刻一尊名人的雕像。這時，全國各地的雕刻大師們，紛紛帶著自己的獲獎作品前來報名，希望自己的大名將來也能和這名人一樣永垂千古。

經過重重篩選，最後竟被一位遠道而來的雕刻師獲得了資格。經過雕刻大師精心的雕刻，雕塑終於完成了。在一個陽光明媚的日子，落成儀式上，這位雕塑大師在講話的時候，他激動的說：「我不但要把這件成功的雕塑作品獻給大家，更要獻給我偉大的母親。因為，在我走上這條成功道路之前，是她在我身後不斷的鼓勵我，是她的深切的期望讓我一直在追求。儘管，在傳統求學的道路上我沒有找到自己的位置，但是我並沒有放棄尋找另一處成功的機會。」這位遠道而來的雕刻師就是家齊。

由此可見，每個人都會找到適合自己去走的路，一旦路選對了，就應該一直堅持著走下去。如果在現實面前，你半途而廢，或者是完全放棄，一切的努力都只是徒勞，一切的夢想都只是空想。

如果你在實現自己理想的過程中，有來自各方面的壓力來阻撓你，無論他是善意或是惡意，你都應該堅守自己內心的選擇，將那些動搖的聲音拋之腦後。

貝多芬剛開始學習拉小提琴的時候，技術並不高明，但是他寧願堅持拉他自己所作的曲子，也不願意進行技巧上的改善，結果被老師批評，說他以後絕對不是當音樂家的料。著名的歌劇演員恩里科．卡魯索憑藉他美妙的歌聲享譽全球。想當初，他的父母堅決的要求他學習工程，希望他以後能成為頂尖的工程師，而他最後的成功卻源自他老師的一句話：「就你這副破高音的嗓子，無論如何都是不能唱歌的。」《演化論》的提出者達爾文，在他求學的時候，本來決定放棄學醫的，但是遭到了父親嚴厲的斥責：「放著正經的事不去做，整天就知道追狗、打獵、捕老鼠。」另外，在達爾文的自傳中還有這樣一段話：「小時候，幾乎所有認識我的人，包括我的親戚還有老師，他們都認為我資質平庸，根本與聰明沾不上邊。」

為了獲取成功，所有的一切都得靠自己努力的奮鬥、積極的爭取。當你找到了生活的目標，認準了生活的方向，那麼就一步一步的朝前走，不要回頭。想到了就要去做，勇敢點、積極點。在處理事情的時候還得有靈活的頭腦，機敏的行動力；要勤思考、多動腦。這樣才能在不斷的進步中前進，否則被別人超越之後，就是連追帶跑的都不一定能趕得上。

挖掘自身潛力，別讓自己過得太舒服

潛力是隱藏在人身體內部的一種特殊能量，這種力量一旦得到很好的發揮，就會開掘出與眾不同的新事物。那麼如何更好的挖掘自身的潛力，也許對於不同的人來說運用的方法也各不相同。

勤奮的人，可能會不斷尋找機會試探自己，以便讓自己能夠更好的適應環境，生存得更好。但是相應的就會出現一些負面影響，更何況這個過程也是非常艱辛的。一些社會財富的創造者，被很多人理解為：好的機遇青睞的人。他們不但是財富的擁有者，更是財富的享受者。其實他們的此種待遇源自他們自身的努力與發現。

羅伯．胡雅特，法國知名的觀光旅館管理人才。在他很小的時候，家裡很窮，生活的擔子很重，迫於無奈，可憐的媽媽只能將年僅十四歲的胡雅特送進一家飯店做雜工兼小學徒，為的是能讓小胡雅特不僅有口飯吃，而且還能學到一些本領。

剛到店裡的小胡雅特，因為年幼無知，所以，在他的大腦裡根本沒有「工作」這樣的概念。所以，做起事來似乎並不像自己預想的那麼容易。小胡雅特不僅每次都吃不飽肚子，而且還經常挨師傅的打罵，這種遭遇對於小胡雅特來說簡直是苦不堪言。但是在媽媽的不斷鼓勵下，他終於堅持留了下來。

時間過得很快，轉眼已經三年過去了。胡雅特勤懇的工作表現以及他認真努力學習的精神，使他得到了一次赴英實習的機會。

一年的英國實習結束之後，胡雅特從英國順利回到法國。表現出色的他也由原來的侍應生做到了領班。看著自己現在的變化，胡雅特感到非常開心，因為自己的努力與付出沒有白費。他因此也漸漸的喜歡上了目前從事的這項工作，而且從工作態度上也發生了極大的轉變。他由最初消極被動做事轉變成現在積極主動做事。

又一年。德國廣場酒店希望能與胡雅特所在的酒店進行服務的交換培訓。這樣的培訓對於酒店來說有益無弊，但是對於派出去的人員來說卻是責任重大。不僅需要良好的語言交際能力，還應具備良好的職業素養，不但能夠將自己店裡好的方面帶出去讓別人模仿學習，還能把別人優秀的地方學回來。但是，每次遇到這種培訓的時候，幾乎很少有人踴躍報名。這次也一樣，消息公布之後，就沒有人來報名過。

胡雅特清楚的知道這是一次鍛煉自己的絕好機會。於是，他鼓足勇氣，找到經理，請求赴德實習。到了德國之後，胡雅特並沒有選擇自己熟悉的服務項目，而是參與了一個自己完全陌生的服務環節——招攬顧客。

像招攬顧客這樣的工作，在自家酒店裡是絕對不會讓他去做的，因為他從來沒接觸過這方面的培訓。但是在這邊就不同，自己能以實習生的名義去做這件事，即使出現問題，也不會被責備。因為當時經濟蕭條，所以生意很不好做。但是，胡雅特卻千方百計的想辦法、為店裡招攬生意。

他除了每天正常的上班做事之外，每天晚上回到住處還要仔細查閱曾經去過店裡的所有顧客資料，以便根據他們身分的不同設計出不同的信函，並以酒店的立場向顧客寄去最衷心的問候，最後還不忘邀請他們再次光臨本店。一夜夜的辛苦加班終於換來了好的成績。店裡的客源大大增加，以至於原本入不敷出的廣場大飯店終於看到了利潤。他的出色表現不僅奪得了德國老闆的讚許，就連自己所屬的英國店裡也聽說了他的成功表現。當胡雅特回國之後，執行董事直接將他提拔為業務部經理。從此他的事業上升到了更高的一層次。

這就是胡雅特在不斷挖掘自身潛力時綻放出的色彩，他從一個什麼都不懂的小學徒一步一步走到了管理層。他從自己熟知的項目跨越到了自己不懂的領域，所有的一切都是他踏踏實實，認認真真走過去的。

包括成功之後，他也沒有因為自己已經達到了從未奢望過的高度而自我止步，安心的去享受舒服的生活。對於一些既髒又累的事情，只要是旅館業能夠用得上的所有知識，他都會親身體驗，直到自己完全明白為止。能夠做到這一點的人，能不成功嗎？

像這樣一個沒有什麼教育背景、家境貧寒、又沒有一技之長人，都能夠從那樣一個小侍應、小學徒高升成天空中一顆璀璨的明星。那麼，對於更多具有高學識、高素養、高技能的年輕人來說，就不要再奢望每天都要生活在舒適的環境中，這樣的話，也許自身那些潛藏著的天賦也就會在舒適中慢慢的消失。想成功的你們，為何不讓自己稍微的苦一苦呢？也許明天的自己將會成為如今的自己羨慕的對象呢！所以，趕快行動起來，努力讓自己在困苦中挖掘出那股深深埋藏起來的力量吧！

碾碎消極心態，做自己想做的人

如果一個人長期生活在充滿消極思想的環境裡，那麼，無論他的學識有多好，素養有多高，或多或少的他都會受到一些影響。並且這種影響還很有可能會傳播到別處，繼而再傳染給更多的人。那麼，這種惡性循環也會越演越烈，直至能夠得到有效控制的一天。

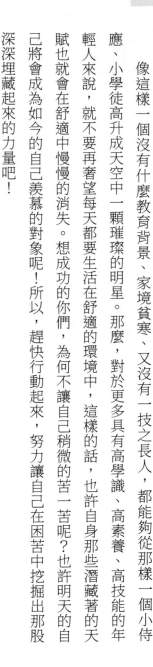

一間僅有八坪的小屋裡，住著一位單身的知名學者以及他的幾個好朋友。地方很狹小，生活起來也極其不方便，偶爾可以聽到幾位朋友的訴苦與爭吵，但是從來沒聽過這位學者的抱怨，他總是一天從早到晚，看上去都樂呵呵的。

有些街坊鄰居看見了他，便問：「你們那間屋子那麼小，還擠進去那麼多人，就是轉個身也不方便，你倒是樂在其中呀，到底有什麼高興的事，讓你如此快樂的？」

這位學者不緊不慢的回答：「當然好了，我們幾個好朋友住在一起多好啊！在一起的時候，隨時都可以交換彼此的思想、便於溝通感情，難道這不值得我高興嗎？我不應該快樂嗎？」

時間如梭，轉眼之間，之前和他同住的好朋友們也都一個個的成了家，先後搬了出去。這間原本狹小的房子一下子寬敞了許多。屋子裡也只剩下了學者自己，但是孤單的他每天依然過得很快樂。

一次，那位鄰居看見學者後問：「之前你活得那麼快樂，是因為有朋友陪伴，那麼現在呢？你一個人孤孤單單，有什麼好開心的？」

學者快樂的答道：「雖然朋友們都走了，但是這間屋子還有很多書在啊！一本書就是一個老師，與這麼多的老師生活在一起，那麼每時每刻我都可以請教他們，難道這不能讓我高興嗎？」鄰人聽後，不解的搖搖頭，走開了。

又是幾年過去了，單身的學者也告別了自己的單身生涯。結婚後，他與妻子搬進了一座大樓，但他家住在一樓。一樓的環境在這棟大樓裡算是最差的，既不安全，也不安靜，更不衛生。樓上的住戶常常會把自家的一些髒水、垃圾之類的廢棄物從窗戶潑下來或是扔下來。

之前的那位鄰居因為土地改遷也搬到了這棟樓的樓上。這天，他又碰見了這位學者，而他還是和以前一樣，看上去依舊樂呵呵的。鄰居便走上前去與他打招呼：「你住在如此環境的屋內，難道你就不煩嗎？」

「呵呵，我為什麼要煩呢？」學者反問道。接著他對這位鄰居講：「你還不知道住在一樓的好處啊！住在一樓不但進出方便，不用爬樓梯之外，還可以在門外的空地上種上一些自己和家人喜歡的花草和蔬菜，這其中的樂趣遠比他們所扔下來的垃圾要大的多。這樣的感受是別人都難以體會到的了。

又有一年，學者的一位好友因為年邁的母親不幸患了癱瘓，上下樓都非常的不方便，當他知道這個情況後，主動要求和朋友交換房間，希望朋友一家都能夠過得很好，方便照顧老人。這次他一下子就搬到了最高的第七層樓上。

看到學者每天快快樂樂的上下好幾次的爬樓梯，鄰者還是忍不住的去問個究竟：「之前你說住在一樓好，做什麼都方便，那現在呢？換到高高的第七層，還像以前那麼舒服嗎？是不是你在七樓還是那麼快樂呀？」

「當然快樂啦！以前一樓是方便，但疏於鍛煉呀！現在住在七樓，每天幾次的上下樓，就為自己提供了很好的鍛煉機會。有句話不是常說『運動是最好的醫生』嗎？這爬樓梯，就是我

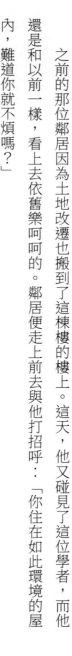

最好的生活醫生呢。」說完，又是一陣爽朗的笑聲。

後來，學者的一位學生前去拜訪自己的老師。就在他向別人打聽老師住址的時候，正巧碰上這位鄰居，於是這位鄰居便領著學生去找學者。鄰居問學生：「你的老師一直都那麼快樂嗎？可是為什麼我總覺得，他的處境並不是很好呀！但是他卻一直都這麼樂觀。」

學生笑著說：「這就是我們老師的智慧所在。從老師的身上我們學到了很多，之前許多的不開心其實都是自找的。因為決定一個人心情的，不是環境，而是心境。」

上面學者的故事就告訴我們一個非常簡單的道理：那就是無論什麼時候，即使處於非常不利的境地，也要試圖將自己的心態轉化為一種積極的狀態，否則自己只能時刻處於痛苦之中。也只有那些懂得自我碾碎消極心態的人，才能成為自己真正想要做的人。

現在的很多年輕人，根本不能很好的控制自己的心理變化，他們的情緒起伏不定，思想脆弱，很容易受到外界環境的影響。他們常常抱怨老天對他們不公，好的機遇都沒能找到他們，哀嘆自己命運坎坷，惋惜自己又錯過了什麼，其實一切的一切都只是自己內心的消極因素在起著作用。

消極心態會成為阻礙成功的桎梏，如果對消極的心態一味的採取放任態度的話，這樣就會很嚴重的影響到我們的生活。一個不能甚至是不願丟掉消極心態的人，是永遠也不可能成功的。

想要驅趕掉自己內心的消極心態，首先必須提高辨別積極與消極心態的能力。其次是要透過一定的觀察學習去掌握一些區分的技巧。最後就是透過對一些成功人士的成長、成才經歷進行分析、總結，從而來增強自我心態的判斷力，以便及早的將消極心態轉變成積極心態。

第四章　心懷責任，有效執行

責任讓我們不忘生活目標，責任讓我們更富於成就，責任讓我們家庭趨於美滿，責任更體現了我們存在的價值！未來生活的幸福與否，未來事業的成功與否，未來價值的體現與否，關鍵取決於心懷責任的大小程度。

習慣逃避責任的人會將責任當成一種壓力，不負責任的人會把責任看成一種負擔，害怕責任的人會把生活當作一種苦役。因此，越來越多的生命因為責任失去了意義。太多的放棄，太多的逃避。最終，因為缺失的責任，緊接著就丟失了快樂，遺落了幸福，也失去了更多人生的經歷。

多做一點事情，多盡一份責任

每個人來到這個世界，都注定是要擔負一定的責任。為人父母、身為兒女，需要承擔的是撫養兒女、贍養老人的家庭責任；身為企業職員、老闆、商人等，需要承擔的是為客戶服務的社會責任；作為教師、學生，需要承擔的是教育學生的學校責任。

著名的捷克作家米蘭・昆德拉曾說過：「一個人身上的擔子越重，就越能感受到生活的充實和快樂。」是呀，責任是活在這個世上必須得背負的擔子，它緊緊的聯繫著世界上的最苦和最樂。最苦是因為它背負起了沉沉的責任，而最樂是因為它放棄了沉沉的責任。

一個普通大學生洪戰輝的感人事蹟，深深的影響著成千上萬的人。他艱苦奮鬥的故事讓每個人為之動容，同時也讓更多的人明白：一個人只有能夠勇敢的肩負起自己的責任，他才能有尊嚴的活出自己的本色。

年僅十三歲的洪戰輝，用自己稚嫩的雙肩挑起了許多成年人都難以扛起的重擔。他既要堅持一邊上學，還要辛苦的照顧患有間歇性精神病的父親。此外還要兼顧家裡的農務和弟弟的教育。家裡的這些重擔似乎並沒有壓垮他，除了這些，他還義務性的幫助照顧一個與他完全沒有血緣關係的小妹妹。但是，在小戰輝的心裡卻從來沒有逃避或是放棄的想法，他時刻謹記自己的責任，咬緊牙關，堅持著一步步艱難的走來。帶著弟弟、妹妹辛苦求學十二年。

責任的力量是巨大的，在生活的重壓下，他不但沒有被壓倒，反而堅強的挺了過來。他成功了，他順利的考入了自己理想中的大學。因為他的影響，妹妹也以優異的成績考上大學，之後還被評選為優秀青年。這些榮耀也許對他來說真的是飽含艱辛、來之不易呀！從他的身上，我們看到一個真正男子漢願意擔負起的沉甸甸的責任，他的這種精神將感染更多的人去學習、繼承我們的傳統美德。

責任心的大小直接就可以從人們所做事情的多少、程度、工作的進展中清楚的被反映出來。小小的疏忽、一點點失誤、不大的毛病等，這樣的工作狀態，終將導致什麼樣的後果？因為著急要回家的護士不願意再多等一會兒，便急匆匆的為病人送錯了藥；一個困倦的會計，因為自己的粗心大意錯把金額位數搞混；一個產品檢驗員因為急著吃飯，竟把一批不合格的水泥批到了學校建築的材料單上；還有一個粗心的倉庫工人竟然因為急著上廁所，將手中未滅的菸蒂丟在了貨物上。這些不負責任的行為最後都造成了嚴重的後果，不但自己丟失了工作，還造成了難以挽回的損失。所以說，無論你從事什麼工作，都應該嚴格要求自己，盡量的讓自己多點耐心，多做一些事，多盡一份責。

伏爾泰，十八世紀法國的啟蒙思想家。他創作的悲劇《查第格》公演之後，得到了許多觀眾的好評，許多專業人士認為這確實是一部不可多得的成功之作。但是，如果按照一向都非常認真負責的伏爾泰的標準來看，這一劇在當時的編排還不是非常的完美。伏爾泰認為劇中對於人物性格的刻畫和故事情節的描寫都存在著很多的不足。所以，就在那次順利公演之後，伏爾泰把劇本中自己認為不到位的地方進行了反覆修改，直到自己滿意為止。正因為他的這種追求完美而又過於負責的態度，後面還鬧出了一段小小的風波。

原來的劇本經伏爾泰的精心修改後，確實要比原來的好很多。但是，參加演出的工作人員卻非常的苦惱，因為他每修改一次，演員們就要按照重新修改的劇本重新排練，這不但打亂了他們原本的排練計劃，而且還會讓他們花費更多的時間與精力重新背臺詞。

為此，該劇本的主角杜孚林被氣得拒絕和伏爾泰見面，不願意接受伏爾泰重新修改後的劇本。這樣一來，還真把伏爾泰給難倒了。不能親自見到杜孚林的面，伏爾泰只好將修改後的劇本塞進了杜孚林住所的信箱裡。但是，收到劇本的杜孚林看也不看的就扔掉了。

一天，伏爾泰從一個演員哪兒得知，杜孚林近期要舉辦一次盛大的生日宴會，到時候會邀請很多的友人。於是，伏爾泰靈機一動，就買來一個大大的餡餅和二十隻山鶉，還專門請人送到杜孚林的家裡。

杜孚林很高興的收下了。宴席上，在朋友們熱烈的掌聲中，他叫人把伏爾泰送來的大餡餅切開，準備與大家共同分享。但是，當刀切下去的一瞬間，在場的所有客人都吃了一驚，原來大大的餡餅裡面塞滿了皺巴巴的紙張，將紙展開一看，竟然是伏爾泰修改後的劇本。看到此景杜孚林真的是哭笑不得。也許正是因為伏爾泰具備了如此的責任心，才使得最後的場場演出都取得了不同凡響的成功。

由此可見，伏爾泰的成功絕非一件容易的事。他的成功來自他盡職盡責的表現。他力求將工作中的每一件事做到位！可以說，人生中的任何時候都是沒有捷徑可以走的，要想做好事情，發展事業，必須堅持每時每刻都要比別人多做一點點，多盡一份責。

做事重在執行，執行重在到位

許多事情在執行實施之前，都需要進行大量的準備工作。準備工作沒有做好的話，一旦執行不到位，就等於前功盡棄，對後期工作的開展可能會帶來很大的麻煩。執行不到位，就會導致成本增加，造成浪費。

我們無論做什麼事情，如果心中能夠一直懷有「執行不到位，不如不執行」這樣的心態，相信所有的事情都很有可能取得圓滿的結局。做事情能夠保證有效的執行到位，就足以證明做事者的用心。執行的到位，不需要事後的彌補工作，關鍵在於執行過程中的認真程度。此外，執行前的精心策劃和與周密的布置，是確保有效執行的前提條件。

近年來，一家大型毛皮銷售公司的業績一直在同行業中排名第一。能夠做出這樣卓越的成績在於他們擁有一種「做事重在執行，執行重在到位」的精神理念。一天，他們的銷售部經理同時叫來三個員工，吩咐他們去執行同一個命令：去供應商那裡進行一個小小的調查，不但需要弄清毛皮的具體數量，還要調查價格與品質。

任務分配下去之後，第一個員工半小時後回來了，他並沒有親自去清點或是察看毛皮的數量與品質，而是從供應商旗下工廠的員工口中了解了一下大致的情況便急匆匆的趕回來。第二個員工花了三個小時的時間，對供應商那邊的毛皮數量與品質進行了詳細的清點與查驗。第三個員工卻花了大半天的時候才從供應商那裡趕了回來，他不但對毛皮的數量、價格、品質做了細緻的了解，更重要的是從公司的採購需求出發，並對供應商那裡最具價值的商品進行了詳細記錄，還與供應商的銷售部經理取得了聯繫。在回來的路上，他還順道去了另外兩家供應商，從那裡也獲得了一些相關的重要資訊。之後又對三家供應商的具體情況進行了分析比較，最後還根據比較起來的優劣結果為公司制訂出了最佳代購方案。

同樣的一件事，分配給不同的三個人執行。第一個員工在只求速度的情況下，敷衍了事，執行不到位；第二個員工雖比第一個好一些，他能被動的接受上級的指令並積極執行，可以說是參與執行；第三個員工不但認真執行，而且執行也是非常到位的。他不僅能夠按照上級的指示行動起來，更重要的是還能把自己好的想法加進去。為上級考慮了很多問題，使得最後的結果也非常的理想。

由此可見執行到位的重要性，每個行業都需要那些能夠以身作則的好員工。因為他們盡職盡責、執行到位。在工作中，如果失去了責任感與理想，這樣的生活就會變得毫無意義。也許，你只是一個平凡職位上的一個員工，但你也不要因為自己身處基層就消極倦怠，認為上有上司，即使自己執行不到位，也會有人安排其他人去做完剩餘的工作；也許，你已是一位高高在上的上司，但你也不要因為自己身處高層就可以甩手什麼都不做，認為基層的員工什麼都會為你做好，這樣的想法都是千萬要不得的。每個人都應該盡可能的發揮自己的潛能，把所有的事情做到最好。

一次求職考試中，人事部經理指著辦公室裡靠牆的兩個並排放置的大鐵櫃對應聘者說：「你們每人設計出一個最佳方案，要把最裡面的那個大鐵櫃搬出去。但是，前提是不允許搬動外邊的鐵櫃，還不許借助外援。」

這可把前來面試的九位設計師都給難倒了，大家你看我，我看你的都不知道該從何下手。面對著沉重的大鐵櫃，有人不禁上前去試著用力推動最外面的那個櫃子，只見那個櫃子紋絲不動的立在那裡。再瞧瞧人事經理認真而嚴肅的表情，他們都覺得這真是一道很難的考試題。那些男設計師們，力量總比女生要大得多吧！如果他們都無法完成的題目，那麼對於那些柔弱的女設計師來說，簡直是異想天開的事情。

時間就這樣，在大家的思考中一分一秒的過去了，很快，兩個小時過去了。這時，應聘的九位設計師分別交上了自己的設計方案。其中，有的運用了槓桿原理，有的根據設計了滑輪裝置，甚至有些人還提出了運用分割切開再焊接的設想，總之，什麼樣的設計方案都有，但是經理拿起來也只是隨意的看一下，就將方案放在桌上了。因為這裡只有八份設計方案，經理滿懷期待的望著還在思考的最後一位設計師，她是一位文靜而又柔弱的女子。

終於，最後一份設計方案出爐了。只見她緩緩的走到經理面前，把一張白紙交到了經理手中，接著就朝牆角的鐵櫃走去。沒想到，她只是輕輕的拽了一下牆角櫃門上的把手，那個碩大的鐵櫃竟然乖乖的跟著她出了辦公室。其他面試者全都看著這個文弱的女孩。後來經理微笑著將錄用通知遞到了這個女孩的手中。經理向大家說明了那個看上去很沉重的大鐵櫃實際上是用一種超輕化工材料做成的，外面只是噴上了一層與真實鐵櫃一模一樣的鐵漆而已，但是重量卻是相當輕的，只要認真觀察，與真的鐵櫃之間那細微的差異還是可以看得出來的。女孩在認真觀察之後，並沒有直接說出答案，而是用自己的實際行動揭開了最終的答案，足以證明了她凡事都能執行到位的優秀能力。

「做事重在執行，執行重在到位。」這樣來執行指令讓更多的人把可能的損失降到了最低。做事能執行到位帶給人們太多的收益與經驗，從而讓更多的人澈底拋掉了敷衍、拖延的壞習慣。

將消極被動變成積極主動

生活中我們經常會見到這樣的一些人，他們對自己的生活、工作、學習非常不滿。他們喜歡抱怨、挑剔，他們牢騷滿腹，總之就是和自己有關的，他們都感到懊惱、煩悶。有人說，是他們太過自卑了；也有人說那是他們太悲觀；還有人說他們總是喜歡自尋煩惱。其實，總歸一句話，就是他們的心態不夠好，過於消極了。一個人如果始終對自己所處的環境感到不滿，那麼他就會一直受到消極情緒的影響，之後又會在消極情緒的指引下做出一些不明智的事情。

一個學生若是因為自己沒能考出理想的成績而自卑的話，那麼他就會一直被成績糟糕的想法引向最糟糕的狀態。心裡一天到晚都是「我不如人」的想法，即使有了學習的動力，也不可能考出好的成績，只能在不斷的懊惱中慢慢墮落下去，什麼都學不好。

一個工人若是因為自己的薪水低，而不去重視自己的工作，那麼相應的，他得到的也只能是更微薄的收入。自我的悲觀、不自信導致了工作情緒的低落、懶散。工作中小錯不斷，長期呈現這種工作狀態只會讓上司與同事產生反感，以至於被疏遠，更甚者還有可能遭到排擠。如果真到了這一步，那可真是危險了。所以，一旦發現有這種傾向，趕緊自我調整，努力將消極被動轉化為積極主動。

唐代著名大詩人白居易，他留給我們後人的是一首首膾炙人口的好詩與佳作。但是很早的時候他也沒有被很多人知曉，儘管他有著得天獨厚的聰明才智，儘管他滿腹經綸，儘管他可以出口成章。

當年，白居易初到長安，知己者沒有幾人，但是他並沒有忘記自己來長安的目的，也沒有放棄遠大的抱負。於是他千方百計的為自己尋找機遇、創造機會。他曾努力的自薦去拜訪官拜著作郎，也是位著名詩人顧況。剛開始，顧況聽說有個叫白居易的人前來拜望，看到他的名字叫「居易」，個性詼諧的他，就以戲謔的口氣開玩笑說：「長安米價可是很貴的，恐怕居住是大不易啊！」

接著，白居易便拿出了自己那首《賦得古原草送別》讓顧況評點。誰知，顧況剛看到開頭：「離離原上草，一歲一枯榮。」就覺得白居易寫的詩句文筆嫻熟，結構工整，寫作技藝很不一般，白居易藉著詠嘆野草，來比喻自己無窮無盡的離情別意。一首詩的題目有兩件事物，詩中也描寫了兩樣內容，這是盛唐時開始興起的詩歌形式，白居易可說發揮得淋漓盡致。讀完詩，顧況忍不住讚嘆：「憑著這樣的驚人才華，就算要居天下也不是件難事啊！」得到向來不輕易讚賞後進的顧況賞識，白居易的名字，一夜之間傳遍了長安城。之後，顧況遂即大力引薦，使得白居易不但很快在京城站穩了腳跟，而且還在長安城內名聲大振。

由此可見，機會對於每個人來說都是公平的，就看你能不能抓得住。就像名人白居易，如果當時因為顧況的幾句嘲諷的話就自我消沉、自我放棄的話，相信根本無法取得後來的成就，為後人留下那麼多膾炙人口的名詩名篇。這個世界有太多不自信的人，將成功的機遇擋在了門外。

英國著名政治家斯邁爾斯曾經說過：「碰不到機會，就讓自己來創造。」是呀，任何一個好的機會都不是你苦苦等待就能等來的。任何機會的大門都需要靠自己的努力去打開，所以每天都要不斷的努力奮鬥，把自身所有的消極情緒轉化為積極主動的情緒。讓所有的事情都在一種積極的狀態下完成，就一定可以取得最好的效果。

清楚的了解自己的性格特點，有助於我們形成完善的人格魅力。如果在明知道自己存在著許多性格缺陷而又一味的放縱的話，那麼，你這一生都將與成功擦肩兒過。為什麼會出現這種現象？著名的心理專家認為：失敗的結局不是因為失敗者做了不成功的事情，而是失敗者經歷了失敗的過程，並把失敗的影子留在了失敗之後的記憶裡。一個成功的人，他的大腦裡從來都不會存儲消極的資訊。想要成功的將消極被動變為積極主動，就必須學會揚長避短，努力發揮自身優勢。

年僅十五歲的小查德，在得到媽媽給的一元美金之後，在報紙上為自己刊登了僅有一行小字的廣告：勤奮踏實、刻苦認真的少年求職。報紙出版不久，小查德就接到了著名餐飲企業的面試通知。剛開始，他只是從最基礎的服務生做起，薪資雖少，但是所負責的工作內容卻紛繁複雜而且有時候忙起來的話還會非常的緊張。但是小查德卻從來都不去抱怨，他想：緊張著上一天不開心的班還不如愉快輕鬆的工作一天，這樣一想他就可以在壓力中自我減壓，盡可能的讓自己保持一種輕鬆的狀態。所以，他總是面帶微笑的為顧客服務。後來，小查德的這種心態與工作能力得到了董事長的認可，不但給他加了薪，還把他晉升為大廳管理人員。

小查德因為得到了董事長的青睞，他更加的努力工作。儘管在工作中也遇到過不少的難題，但都被他樂觀的精神所擊倒了。小查德一直堅持在這家企業上班，他堅強的毅力與堅持的性格得到了董事長的巨額資助，為他投資開辦了製鐵廠，從而使他成為了人人羨慕的大富翁。他的很多朋友說：「查德總是這樣積極的、自動自發的為自己創造好的機會，開拓美好前程。」

若要說好運氣會挑人的話，不如說主動積極的人能抓住運氣。縱觀歷史，古今中外，有哪個成功的人是在抱怨中成長起來的？又有哪些人是在等待中成功的？沒有，那樣的人是永遠都無法收獲成功的喜悅。勝利的花環總是戴在那些積極進取的實幹家們的頭上。如若飽食終日，無所事事，或者一味沉溺於逆境帶來的悲觀失望中，這樣的話，就只能永遠生活在別人的影子下，無法見到明媚的陽光。

有想法是前提，有行動是保障

無論科學家制定出的是多麼偉大的科學決策，或者工程設計師設計出了多麼宏偉的建築藍圖，抑或是軍事家們研究出了多麼先進的戰術策略，但如果只是單純的停留在口號上面，而不是踏踏實實的落實於行動，那麼，即使再美妙的想法結果也只不過是「水中月霧中花」。

所以說，有想法是前提，有行動才是最有力的保障。一個專案、一份企劃、一個工程，若想取得最終的成功或是取得圓滿的結果，不可一味的重視想法，而忽略行動。

明確的制定目標後，還需要成功的執行能力。健全的制度，清晰的政策，都是每件事情在執行之前必須確定的事情。當然，目標在制定好之後，在執行的過程中，還需要有清晰的思路去引導。也不應該使執行的強度、力度與制定的策略嚴重脫節。否則的話，就必然會導致以失敗告終的結局。

一九九四年，聽到了這樣一句話「肯德基開到哪兒，我就開到哪兒！」。這就是當時「榮華雞」的老闆在開自己第一家「榮華雞」分店的時候說出的豪言壯語。也許，當時的這種自信是建立在一定的企業計劃之上的，因為自己完美的擴展策略，使得它在成立之初的兩年內確實達到了單店一百五十萬元的單月銷售額記錄。這樣好的成果，使得「榮華雞」的分店不斷的擴張，而且速度也是快得驚人。這使得管理沒能跟得上擴張的節奏。從管理方面來看，缺乏一定的標準，許多的日常工作都無法得到落實，或者是落實不夠到位。最終導致失去了原來的消費者群。

時間過得好快，六年後的某一天，終於最後一家的「榮華雞」關門歇業了。相關專業人士在對「榮華雞」的成敗進行經驗總結時，所找出的原因是：「榮華雞」失敗的根源在於管理上缺乏一定的標準化。當「榮華雞」一炮打響之後的初期，他們應該踏踏實實的進行鞏固企業制度，而不是一味的進行大規模的擴張；一方面，他們在產品品質的標準化上，無論是從原料品質，或者是產品的加工方法等方面，對於那些連鎖分店並沒有進行嚴格的要求；另一方面，他們對於服務的標準化，對所有員工的禮儀規範以及所有連鎖店店面所處的實地環境、店內設施等均沒有具體的標準要求和嚴格的品質監控體系，從而使得每家連鎖店的產品與服務品質參差不齊，以致於最終失去品牌信譽，從而造成了大量消費者丟失的結果。

因此，當我們需要執行某些事情的時候，之前一定需要有一些好的想法，並且要將這些好的想法，積極主動的落實在行動上。如果說想要把一件事情做到最好，就一定需要兩方面的準備，一方面需要確保有好的想法是前提，另一方面就必須保障行動的正確性與清晰性。只有達到了這兩方面的要求，再加上全力以赴的精神，相信無論做什麼事情，一定可以很好的解決所面臨的一切問題，並且還能夠把難事辦好，把好事辦實。

話說一尺，不如行一寸

相信許多人都聽到過這樣一句話：「說得好不如做得好！」簡簡單單的一句話，卻實實在在的道出了做事的核心要素。說得再好，再如何的天花亂墜，都比不上一個小小的實際行動，只有把想法具體落實到了行動之上，事情才會取得進一步的發展。

在任何一個領域，「心動永遠都比不上行動」。大話說得再多，都只能停留在原地。不努力去做事，就永遠不可能收獲成功的喜悅。在自然界裡，一隻兇猛的野獸如果想要捕捉一隻弱小的動物作盤中餐、囊中物，即使牠的氣勢再兇殘，嘶吼的聲音再大，小動物們也不會自動送上門的，還是需要自己全力以赴的去捕捉。如果想法只是停留在大腦中而不付諸行動的話，那麼再強大的野獸也只能活活被餓死，從而成為別的動物的腹中之物。

下面是著名的內刊記者雅筑自己講述的一個真實的發生在她身上的事情：

剛畢業的時候，雅筑隻身闖蕩紐約。初到紐約，有太多的不適應，環境的不適應，飲食的不習慣等。所有的一切對她來說都是那麼的難以接受。幸好，剛到紐約不久，就得到了一個讓人振奮的消息。一家知名企業在招聘記者，待遇頗豐。雅筑便帶上自己的作品急匆匆趕到了企業面試。到了對方公司之後，內刊記者卻只有一個名額。但是前來應聘的人竟有一百二十五人之多！而且其中又不乏資質、學歷、口才、年齡等各方面都遠比自己要強很多的人。看到這種場景，初入社會的雅筑有點被嚇得想要回去。但是，轉念一想，既然自己已經決定抓住這樣一個好機會，為何就這麼輕易的放棄呢？遇到這樣的一個機會是很難的。因此，即使自己失敗了，也要堅持試一試，就當是長見識了。想到這，雅筑便耐著性子坐下來。

面試的人確實是太多了，當天負責面試的正是該企業的總裁。因為雅筑被安排在了最後面，所以，雅筑可以坐在最後面仔細觀察前面一個個走出訪談室的應聘者，只見進去後再出來的沒有幾個面色輕鬆或是愉悅的。看到這場景，雅筑的心也是七上八下的，她想：想要通過這次面試，自己只有超常發揮了。但是，目前最重要的是自己應該採取一種怎樣新穎的面試方式，才可以讓老闆在短時間內清楚的記住自己？雅筑思索著……

依舊是漫長的等待，這時，從雅筑的旁邊傳來了兩個面試者談話的聲音。他們的談話內容基本是這樣的：「今天來面試的幾乎都是有經驗的人，這麼一個小小記者還應徵不到嗎？真有點小題大做，一個小小的面試還搞得這麼複雜！」「也許總裁是要當面出題讓面試者親自動筆寫文案之類吧，不用怕的，我們都帶了最成功的作品，難道這也證明不了什麼嗎？」看來這是兩位較為成功的專欄記者。

想到這，雅筑心裡一動。立即跑向樓下的影印店，在店裡，她用最快的速度，以「求賢若渴」為題寫下了一篇現場短新聞急忙趕回面試現場。回來之後，也正好輪到自己面試了。進入辦公室，看到已略顯疲憊的總裁，心中難免有些許緊張。但是，出乎意料之外的面試一開始，總裁既沒有提工作事宜，也沒問雅筑的過往經驗，而是讓雅筑從自己的角度出發談談如何做一名合格的記者。雅筑也只是遞上了自己剛剛寫的那篇短稿，並且闡明了自己看事情的「角度」。

結果，雅筑成了所有應聘者當中的幸運兒。最後，雅筑從總裁那裡得知自己被錄用的原因：「其實正確的做事方法大家也都知道，但是無論什麼時候都應該做到『心動不如行動』，只有你一個人當時就把自己的想法落實了，把自己注意到的事情最先做出來。」

從雅筑的成功面試經驗中，我們可以清楚的看到「話說一尺，不如行一寸」的道理。所以說，每一件事情的計劃、美好的願望、偉大的夢想等一切事物的實現都需要落實在行動之上。只有踏實的行動才能盡可能的縮短夢想與成功之間的距離，只有積極的行動才能把理想轉變為現實。想要做好每件事，不但需要心動，更需要行動。成功在沒有實現之前本來就是一句空話。「想得好是聰明，計劃得好更聰明，做得好才是既聰明又最好。」這句哲理名言同時還印證了愛迪生的一句話：「天才是百分之一的靈感加上百分之九十九的汗水。」

事情應該今天做好，別把希望寄託在明天

「今日復今日，今日何其少，今日又不為，此事何時了？人生百年幾今日，今日不為真可惜，若言姑待明朝至，明朝又有明朝事。為君聊賦今日詩，努力請從今日始！」這是明代著名才子文嘉所作。那個時候的他就能夠採用通俗流暢的語言勸勉人們應該好好珍惜自己所擁有的時間，且勿玩耍、嬉鬧而虛度美好的年華，荒廢光陰。那麼，如今的我們在如此美好的時光中，更應該好好掌控自己，盡可能的把事情放在當下，也就是今天做好，而不是將所有的希望與夢想寄託在明天去完成。

人本身就具有散漫不羈、拖延放縱的不良習慣。如果事情本身的進展順利的話，尚且可以在當下繼續完成。如果在事情發展的過程中一再遭遇困難，使得事情不能夠按照原有的計劃進行的話，相信，這就很有可能成為拖延的最佳藉口。

就職於著名企業海爾集團的每一位員工，基本上都養成了「今日事，今日畢」的習慣。因

為他們在不斷的工作與總結中都為自己設立了一個每日的工作流程清單。他們在每天的工作中都要對自己當天所進行的工作進度與詳細程度進行及時的檢查。

其中檢查的內容包括自己的工作項目，哪些屬於急需辦理的，哪些屬於可以緩辦的，還有資料應該如何正確的擺放，都是有一定的條理性的，這些都必須要求做到井然有序。甚至在臨下班的時候，他們的椅子還必須擺放得整整齊齊。

對於所有在海爾工作的客服人員來說，每一個客戶對他們提出的任何要求，無論是複雜的大事，還是「雞毛蒜皮」的小事，所有的客服人員都必須在客戶提出的當天給予準確答覆，並且還要與客戶針對一些工作中的小細節達成一致的協商意見。然後還要絲毫不差的按照協商的具體要求來辦理相關事宜，等工作人員辦理妥當之後還必須及時的回饋給客戶。當員工接到客戶的不斷抱怨甚至是投訴的話，依舊要求客服人員在第一時間內給予最合理的解決，自己如果沒有能力解決的話，必須第一時間彙報給自己的直屬上思。自從海爾的所有員工堅持「今日事，今日畢」的工作程序之後，他們企業的工作效率與工作品質也得到了有效提高。

因此說，員工的「今日事，今日畢」習慣也讓海爾不斷的完善了自己的工作進度檢查控制系統。不僅讓當天發生的所有問題得到了及時的解決，而且還對後期工作的順利發展開了一個好頭。

人們在做事的過程中總容易找各種各樣拖延的藉口與理由。其中，一部分人是因為自己不太喜歡手頭的工作；而另外一部分人則是不清楚自己該如何更好的開始自己手裡的工作。這些便足以促成一部分懶散者以此為藉口，繼續拖延下去，但如果一直這樣下去的話，導致的結果不僅僅是誤事，更重要的是把人給耽誤了。如果想要澈底改掉尋找藉口的不良習慣，最好試著培養自己養成高效率做事的好習慣。

經常性的尋找藉口，或是有意的以忙或者逃避的藉口來對待工作，這樣的狀態只能讓做事的人在不斷養成的壞習慣當中越陷越深。那樣長期遺留下來的問題就會累積在一起。工作量的加大可能會使人更加的頭痛、懶散，面對工作也就變得更加拖延。拖延不但會浪費更多有效的工作時間，同時也給人帶來了許多不必要的工作麻煩。

腳踏實地做事，認認真真做人

認真踏實是衡量一個人品行端正與否的尺規。對於任何人，這把尺規都適用。「腳踏實地做事，認認真真做人。」這不僅是一個人品行好壞的鑒定，同時，也能使人在不自覺間樹立起一種對社會、對家庭、對工作、對朋友的強烈責任感。

無論時代如何變遷，不管社會怎樣發展，每個人都不應該忘記做人的根本。而誠實則是所有美德中最基本的一條，想要得到別人的認可與尊重，首先最應該做到的就是誠實。因為，總是欺騙別人的人，最終的結局只有一個，那就是被別人逐一識破，繼而被疏遠，最終甚至遭到別人的厭棄。

如果讓你用一張紙來回對折，當你將這張紙對折五十一萬次之後，你肯定想不到那張經你重複折疊之後的紙張所達到的厚度是多少？或許你會覺得應該有一個冰箱或者兩層樓那麼高，這大概就是你所能想到的最大值了吧？但是透過電腦的類比測量，其結果居然大得驚人，它的厚度竟然接近於地球到達太陽之間的距離。

一點也沒錯，就是這樣簡簡單單的重複性動作，居然發生了奇蹟般的變化。為什麼看上去並沒有多大變化的重複性工作，會出現如此驚人的結果？這其中的道理幾乎和做人是一樣的，只要踏實認真的去做，終有一天會得到出乎意料之外的收穫。

秋千之所以能夠達到一定的高度，這與堆動它的每一次小小程度的施力是分不開的。任何一次的給力不足都可能降低它的高度，所以來回運動的軌跡雖然簡單，但卻一絲不苟，就像那些簡簡單單做事的普通人一般，他們雖然簡單樸素，但是他們卻腳踏實地、認認真真，因此他們也算是成功的典範。

世界上著名的美西戰爭爆發之後，美國的駐軍部隊指揮首領必須馬上與西班牙的反抗軍首領加西亞取得聯繫，因為加西亞將軍清楚的掌握著西班牙軍隊的所有情報。但是，美國軍隊的指揮首領只知道加西亞祕密的隱藏在一片荒無人煙的古巴叢林裡，卻沒有人知道他確切的隱藏地點。所以，一時間無法與他取得聯絡。然而，迫於戰事，美國總統又必須要盡快與加西亞保持合作。這時候，一個叫羅文的中尉被帶到了總統的面前，焦急萬分的總統將自己親筆書寫的信件交予了這位年輕人。

一路上，羅文歷經了千辛萬苦。他在牙買加的時候遭遇過西班牙士兵的武力攔截，也曾經從粗心大意的西屬海軍少尉眼皮底下溜走，還曾參加過聖地牙哥的游擊戰，最後，終於在巴亞莫河畔把信成功的交給了加西亞將軍。經歷了各種艱辛與困難之後，羅文終於沒有辜負總統交給自己的任務，他憑藉自己「踏實、認真、服從、執行」的品格順利的完成了任務，當時的羅文因此被大家視為美國的英雄。之後，他的這種踏實認真、絕對服從的精神也成了後人不斷學習的榜樣。

凡是看過《致加西亞的信》的人大都會產生這樣的一種感覺，羅文在做這些事情的時候，並不需要過人的聰明與才智，也不需要超人般的能力，只需要這個人踏踏實實、認認真真、絕對服從。與其說是羅文把信送給了加西亞，不如說是羅文的精神將信送給了加西亞。

但是踏實又不能簡單的理解為原地踏步或者停滯不前，它不但需要具備相當的韌性而又不因遭遇坎坷而放棄最終目標，時刻都要一步一個腳印的向前，哪怕這前進的每一步都很小很小，只要向前，便不在乎前進的快與慢。所以，生活中我們常常見到的一些所謂的「突然」間就成功的人，其實都是因為這些人在成功之前腳踏實地一步步累積而成的。

也許，在生活中，我們會常常不屑於去做一些細小的事情。因為我們覺得讓自己去做那樣微不足道的小事簡直是浪費時間。當面對一些事情的時候，我們往往表現出眼高手低、避重就輕。我們身上有著太多的浮躁與不安，我們急切的渴望成功，但是成功似乎又離我們那樣的遙遠。太多的人尋尋覓覓，但他們卻忘了工作的本身正是在創造成功。

所以，無論你想要得到什麼，財富也好，名利也罷，事業也行，總之，一切的一切都需要每個人腳踏實地做事，認認真真做人，當你完全獲得了自己想要的一切時，心中的那份喜悅與踏實相信是任何人都理解不了的，那樣的成功才是別人所無法奪取的。

改掉拖延壞習慣，快速有效做事情

當一件工作任務分配下去之後，立刻就會出現兩種不同的執行方案。其中，一部分人會選擇先計劃，後執行，也就是說以計劃作為行動的嚮導，用行動來檢驗最後的結果。還有一部分人，他們可能會猶豫不決，還沒有執行之前，就已經在腦海中設置出了各式各樣的結果。緊接著，他們很有可能在自己的預想中開始動搖，更有甚者已經開始編造藉口或者理由去敷衍他們的上司，甚至不斷的拖延工作。

如果是這樣的一群人，他們所建立起來的團隊也必定將是一個毫無積極性的團隊。他們害怕新工作的開始，擔心新一輪的壓力侵襲，恐懼需要創新的工作。他們很難接受一切未知的事情，在所有工作來臨的時候，他們尋找各種理由與藉口的目的就是拖延。而恰恰相反的是，任何一個成功的企業，都是建立在積極執行、有效做事的團隊基礎之上的。可以說，企業員工立即行動的宗旨與信念才是推動公司成功的力量。

張瑞敏，著名企業海爾的執行長。一次公司例會中，他問管理層：「如何才能讓石頭在水面上浮起來？」這時所有的管理人員開始議論紛紛，有人說：「將石頭挖空，不就行了。」有人答：「給石頭跟一個大木塊綁在一起。」也有人說：「把石頭放在一個底面積較大的空塑膠盆或塑膠盒中。」等等，各式各樣的答案都有。但是，張瑞敏聽完之後均搖頭表示否定。這時，有個管理者站起來說：「用很快的速度將石頭拋出去，也就是依靠打水漂兒的力度與速度讓石頭在瞬間浮起來。」聽完這位管理者的話，張瑞敏面帶微笑，贊同的點了點頭。

其實，張瑞敏並不是真的想做那麼無聊的事情，非得讓石頭在水面上漂起來，他只不過想透過這樣一個問題考察一下海爾的管理層在面對新問題或者新壓力的時候是否能夠排除他們自身的猶豫，並且能夠積極快速的行動起來，這才是企業取勝的關鍵因素。

在做事情時，要能夠勇敢的邁出第一步，這是做事情時非常關鍵的一點。但是更為重要是在成功邁出第一步之前下定決心，用積極的行動取代害怕與猜疑。如果執行者嚴重受到拖延等不良習慣的影響，那麼任何工作或是任務都不能得到快速有效的圓滿完成。

加拿大最大的保險公司——哥倫比亞保險公司董事長羅賓在他初進保險領域的時候，他還只不過是個小小的職員。但是，在平時的日常工作中，羅賓非常的積極勤奮。遇到任何事情，他從不以任何藉口拖延，總是踏實認真的執行著每一件事情，哪怕只是一件非常微小的事情，在他的眼裡，都會當成是非常要緊的事情。對於每件大大小小的事情，他絲毫都不馬虎。當然，他所做的這一切都被上司看在眼裡，並且也得到了更多同事與上司的認可。

後來，由於他的工作得到了多方面的肯定，也因此獲得了作為新員工所能夠獲得的中級職位。一天下班的時候，公司市場開發部的經理找到他，並與他深刻的交談了一番。原來，公司對他在工作中所表現出的勤奮與努力非常的肯定，希望他能夠考慮一下去安大略省負責保險業務。這對於在保險公司上班的員工來說，是一個非常好的機會，同時也將是一個非常大的挑戰！對於羅賓來說，之前，他從來都沒有以這樣的身分工作過，一旦自己接受了這項任務，也就意味著以後安大略省的長遠發展對整個公司的影響基本掌握在自己的手中。這樣的話，他的責任將會非常重大，此刻，他真的有些猶豫了。

無數的念頭不斷的在他腦海中浮現：「我能夠勝任這份工作嗎？」、「一旦失敗了我又該如何面對？」類似這樣不相信自己的想法總是困擾著他。後來感到困惑的他不得不去請教自己之前的一位老師，老師對他說：「你真的想去做嗎？如果答案是肯定的話，那麼，請你一定在開始之前不要懼怕任何東西，因為從一開始就覺得恐懼的人將一直平庸下去，所以，要做一個無所畏懼的人。」聽了老師的一席話，羅賓克服了所有的心理障礙，放開手腳，堅定的接受了新的工作任務。在新的工作環境下，他不但投入了很大的精力，而且也養成了快速有效做事情的好習慣。

所以，當每個人在面對自己的夢想或是新的工作任務時，無論遇到多大的困難與阻撓，都不要輕易說放棄。也不要一味的尋找拖延下去的藉口，如果這樣的話，很有可能錯過最佳的解決時機。相信日 後無論這個人在什麼樣的工作環境中都不會有任何建樹。

第五章　學會選擇，懂得放下

如果說明智的選擇本來就是一種謀略的話，那麼，也可以說適時的放棄本身就是一種智慧。一個聰明的人如果想要正確的做出自己的選擇，相信在難以抉擇的時刻最應該學會的就是鬆手放下。然而，對於一些還在抉擇的路口猶豫不決的人，奉勸千萬不可過於患得患失，一定要明辨小恩小惠，千萬不可為了眼前的小利益而捨棄長久的大益處。

懂得適時放棄，才是真正的明智

我們的生命就如同河中泛起的一葉小舟，因為承載不了太多的負荷，所以在我們還未到達彼岸之前就應該適當的選擇必需的承載物。我們不能因為自己內心過多的物慾和虛榮，不斷的往小舟上面添加重荷。如果不懂得放棄，只會讓生命的這葉小舟在中途擱淺乃至沉沒。

人的一生，不斷奮鬥後得到的東西很多，同時需要我們放棄的也不少。有句古話說得好：「魚與熊掌不可兼得。」當我們無法都擁有的時候，就應該試著學會放棄。「人生旅途路漫漫，山水風雨皆有遇。」我們經歷此時此刻，就要適當的忘記曾經的一些美好。只有學會適時的放棄，或許我們才可以展現成熟的姿態，也會才活得更加豐富、充實、輕鬆與坦然。

對於那些生活在印度熱帶叢林裡的人們來說，他們會採用一種非常奇特的方式狩獵。捕捉猴子對於他們來說是一件非常輕鬆的事情：他們會用一個開著小口的木盒子，並且在裡面放上一些猴子愛吃的堅果，而木盒子上開口的大小正好是猴子前爪可以伸進去的程度。只要猴子因為貪吃把爪子伸進去抓住堅果之後，想再次將爪子抽出來，是完全不可能做到的事情。這樣的捕捉器讓生活在這裡的人們常常能有美味的猴子肉吃。

也許人們會想：猴子能將手放進去，應該也能夠拿出來吧？可是為什麼伸手進去之後的牠們卻不能順利的把手拿出來呢？究其原因：猴子基本上都有一種習性，就是永遠都不肯放下已經到手的東西。正因為這樣，牠們被抓住就在所難免。

看到傻傻的小猴子，也許我們會笑，只要輕輕的鬆開爪子不就可以逃生了嗎？為什麼要死死的抓住堅果呢？帶著這個疑問，再看看我們身邊的人，想想我們自己，在生活中是否也犯過同樣可笑的錯誤呢？

一些人因為不忍放下處心積慮得來的財產、名利、地位，他們痛苦的煎熬；一些人因為放不下還未實現的理想，他們整天東奔西跑。儘管，人生的奮鬥目標是想實現自己的理想或是希望中的生活。但是，必要的時候，有些東西是需要放棄的，比如虛浮的功名利祿等。學會適當的放棄，即使在寒冬也能感受到盛夏時的熱情，儘管在炎夏也能體會到春風的清涼，讓人倍感舒適與愜意。

傑克去一家生意相當好的速食店應徵做鐘點工。見到老闆之後，老闆就問：「如果你在人群密集的餐廳裡，突然發現自己手上的托盤上的食物來回滑動，非常的不穩，這時候，有客人向你走來，你該怎麼辦？」

很多前來應徵的人都回答得含糊不清，只有傑克鎮靜自若的答道：「如果周圍都有客人的話，我一定會盡全力將托盤倒向自己。」聽完之後，老闆微笑著點頭稱許，並告訴傑克：「從明天起，你就過來上班吧！」就這樣，傑克被聘用了。

老闆從傑克的回答中不僅看到了他做事的態度，同時也了解到了他做人的智慧之處。傑克能夠果斷的把即將翻倒的托盤倒向自己，在很大程度上是放棄了自己的利益而顧全了客人的利益。也就是說，在某個特定的時刻，只有敢於捨棄，才有機會獲取更長遠的利益。即使遭受無法避免的挫折，也應該選擇最佳的失敗方式。

生活中，很多時候，一些不好的境遇會不期而至，這樣一來可能會讓人更加的猝不及防，這時就應該學著放棄。把一些焦躁不安的心理放下，選擇心平氣和的等待發生一些轉機。就像體育項目中的跳高一樣，當面對人生際遇中的不幸時，就應該保持一定的高度。盡量的讓自己盡可能的活得瀟灑一些。

面臨大學畢業分離的那一刻，當同窗數載的好友緊握雙手，互道珍重的時候，相信每個人的內心都會有無限的不捨與留戀。這時的我們為何不放下難過的心情，好好想想，如果沒有今日的依依離別，哪來他日再度重逢的喜悅。離開了今日的好友，我們還會結識更多的朋友。多個朋友多條路，今日一別，相信大家往後的路也一定會越走越寬，越走越好。

告別一段已逝的戀情，也就意味著重新開始一段新的旅程。既然那段美好的回憶已經悄然遠去，那個熟悉的背影也早已漸行漸遠，那麼，為何還要死死的在一個地方苦苦守候？不如換個角度，冷靜思考。明智的選擇後退一小步，適時放手，相信即將看到柳暗花明的時刻。

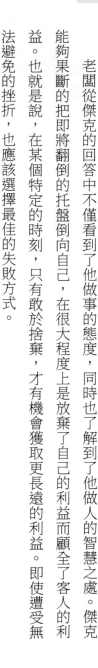

堅定的放棄或者猶豫的隱忍，都將影響到一個人的成就。如果這個人能夠做出正確的選擇，懂得適時的放棄，那麼，不久的將來，他一定可以看到屬於自己的那道明媚的陽光。

放棄不等於失去，學會在放棄中擁有

相信每個人都想擁有很多自己想要的東西，物質的、精神的。但是所有的事情都有它本身存在的價值與意義，每個人所能接納事物的儲存空間就像房間裡的櫃子或者箱子一樣，是有限的。如果你想擁有這件事物，就必須選擇放棄另外的一件。只是在選擇取捨的時候需要一定的智慧。

在選擇與放棄面前，需要慎重考慮。最重要的是不能因為眼前的丁點兒利益而放棄長遠的利益，更不能因為一些小小的利益過分的患得患失。當我們打拚於紛繁複雜的社會，面對物慾橫流的各種怪相，而我們又有些不知所措的時候，一定要盡可能的選擇放棄。盡量的用一種積極、樂觀、豁達的心態對待已經失去的東西。生活中那些不懂得放棄的人，只會讓他們的生活變得越發糟糕，處理問題也許會令他們焦頭爛額，最後不僅實現不了自己最初的美好願望，反而讓自己陷入深深的苦惱之中。

「天下皆知取之為取，而不知與之為取。」這是南北朝時期著名的史學家范曄的看法，同時他也一語道破了得與失的真正含義。在某些情況下得與失可以發生相互轉化，但是轉化之後的結果並不能馬上看到，需要一定的過程，抑或只是一種精神的滿足，這就是一種既看不到，又摸不著的得到。

戰國時期，齊國的大夫孟嘗君以養士多而著名。因為孟嘗君待人隨和，此外還非常的真誠。也許是孟嘗君的為人真的挺不錯，一個叫馮諼的落魄士人前去投奔他。孟嘗君倒也十分熱情的接待、安排了馮諼。

有一次議事，孟嘗君希望有人能站出來幫他到自己的封地薛邑去討債，那裡的債都欠了好長時間了，這事情處理起來還是有點棘手的，他問誰肯去？沒一個願意去的，這時馮諼說他願意前去一試，但是不知道要用討回來的債為家裡置辦些什麼？孟嘗君便隨口一說：「那就買點家裡沒有的東西吧！」說罷，馮諼便直奔目的地。

到了薛邑之後，馮諼看到那邊的老百姓生活十分的貧苦。而當地的百姓又聽說馮諼是孟嘗君派遣過來討債的使者，都對他表現出冷漠與不客氣。看到這些，他便把當地所有的百姓召集在了一起，並對他們說：「孟嘗君知道大家的生活都相當的困難，所以這次特意派我前來轉告大家，以前的所有欠債統統不要，還有利息一文不取。今天我也把債券帶來了，接下來我會當著大夥的面將它燒毀，從今往後，再不催還。」說罷，只見馮諼真的用火把債券燒了個精光。

此時，百姓們一個個都很感激的與馮諼聊起來。孟嘗君就這樣在薛邑老百姓的心中成為了一個至仁至善者。待馮諼回來後，孟嘗君便問起討債的事情。馮諼不緊不慢的回答道：「錢沒收回來，而且之前的債券也被我燒掉了。」孟嘗君聽後很不高興。這時馮諼又開口了：「您不是告訴我要買一些家裡沒有的東西嗎，我已經按照您的吩咐這樣做了。」孟嘗君有點驚訝的問道：「怎麼講？」馮諼鎮定的說道：「其實就是個『義』字。焚券市義，這對您在民心的收取方面大有好處！」

世事難料！幾年以後，孟嘗君受小人的讒害，連自己的相位都沒保住，只好回到自己最初的封地薛邑。那裡的老百姓聽說恩公孟嘗君回來了，竟然全城出動，夾道歡迎。這時的孟嘗君甚是感動，這個時候他才更加體會到馮諼「市義」的苦心。

這個小故事告訴我們一個「好與者，必多取」的道理。有時候，就是因為自己給予了別人一點點的東西，卻換回來了更多的東西，自己小小的損失換取來的卻是更大的利益。

人生在世，千萬不要害怕放棄。學會放棄，就會多一種選擇，只有明智的放棄才會出現更好的選擇。進退必須從容、樂觀，能夠坦然的接受一切，必定迎來光輝的未來。

學會適當的放棄，放棄那些不切實際的幻想，放棄那些難以實現的目標，放棄那些沒有意義的計較，放棄那些沒有價值的索取，放棄那種金錢地位的搏殺和奢侈生活的創造。但是，千萬記住，聰明的選擇並不是放棄繼續前進的步伐，不是放棄為之拚搏的努力與過程，也不是放棄對美好生活的嚮往與追求。

也許放棄會讓我們感到痛苦，也許會讓我們深感無奈。但是，經過時間的滌蕩，當我們再次回首那段往事，也許，我們不會因為當時選擇了放棄而後悔不已，也不會因為當初的放棄而自我責怪。學會放棄一些自己不需要的，無論是對於做人還是做事，恰恰是最明智的。

做人與做事，進退要有數

一個人成長的過程猶如一次長途旅行，如果想把每個階段的成與敗，得與失都扛在肩膀上的話，那麼今後的路會走得相當沉重。應該適時的對自己所扛的包袱進行一次選擇性的清理，瀟灑的對過去說拜拜，只有做到了這些，自己才能在今後的旅途中越走越順暢，以自己最好的精神狀態面對未來。

不同的人在同一件事情面前，會表現出不同的反應。有些人想一步到位，所以他積極爭取，不斷前進，但是在這個前進的路途中，他可能會有一種急功近利的心態，這樣做的結果或許足以讓人大跌眼鏡，因為過分的追求結果，從而忽略了做事情的步驟性與程序性。

而另外還有一部分人，他們在執行任務的時候，表現出相當的不自信，做事情都是畏首畏尾，前怕狼後怕虎的，根本不知道自己該如何進行。因此，有相當一部分的事情並沒有按照原來的計劃進行，基本上他們都是在猶豫與徘徊中喪失了最佳時機。

英國有一位非常富有的大商人，名叫喬治．布朗。儘管在他的戶頭上已經擁有了上億的資產，況且現在每年的淨收入也已上百萬了，但是在他的心中，永遠都沒有達到自己滿足的程度。他常常心情糟糕且情緒暴躁，因為在他的心裡常常裝著一些比自己要富有很多的成功企業家。所以他絲毫不讓自己放鬆，生怕自己一時疏忽，遠遠落在了別人的後面。還時常猜疑，提防著身邊的每一個人，甚至是自己的親人。

每天他都處在極度的緊張當中，即使是晚上睡覺的時候也常常從噩夢中驚醒，喬治．布朗感到痛苦極了。一天，他的一位中學好友喬恩前去看他，交談中，喬恩真誠的對他說：「喬治，很多時候，自己應該放過自己，盡可能的讓自己活得輕鬆一些，每個人做事情都應該像打保齡球那樣，進退要有一定的分寸，只有這樣才可能擊中更多的球。更何況我們在做事情的時候，相信一個人遠比懷疑一個人更讓心情舒適，心神安寧。」就是這句話使得喬治．布朗從此改變了自己做事的方式與做人的立場。之後的喬治．布朗竟然發生了很大的變化，他的臉上再也看不到昔日的憂愁。

幾乎沒有誰可以改變別人的精神狀態，無論是從客觀條件上還是從一個人的內心世界，別人都是無從控制與掌握的，只有自己理清了頭緒，才能正確面對所有的事物以及整個世界。

「退一步海闊天空」，並不是所有的人在面對事情的時候都要退縮，如果單純這樣理解的話，那麼完全是一種錯誤。在合適的時候，是應該積極爭取的。但在某些時候，當我們執拗於一件事情或者與人發生爭執，甚至僵持許久而又得不到任何答案的時候，就需要做出適當的退步。

態度直接影響結果。因為清楚了做人與做事的基本原則，所以就更能明白的掌握自己，進與退都需要一定的技巧與分寸，這一點如果掌握好了，必定會得到意想不到的收穫。所以，一旦這種分寸與程度掌握不到位的話，所有的境遇都將是最艱險的。而一旦能夠掌握進退的分寸與技巧，相信一定可以很容易的找到成功的突破口，很快突破自我，衝出絕境。

小小的讓步從表面上看，也許沒能堅持自己的立場，反而向對方或者事情的發展做出一定的讓步，但是這個舉動卻足以讓事情得到順利的發展。實際上則是顧全了大局，而這樣的退一步在一定意義上也是非常值得我們每個人不斷的思考、借鑑以及學習的。

放下小面子，迎來寬廣路

人生在世，所遇到的事情很多很多。那麼，相應的煩惱也會從這些事情中不知不覺的衍生出來。所有煩惱的產生都有一定的源頭可尋，有些人煩惱是因為自己難以打開的心結；有些人煩惱是因為別人的誤會、猜疑、嫉妒；有些人煩惱卻是因為自己的過度驕傲，始終放不下自己的面子而陷入深深的自責。

也許因為外人的不理解，我們會活得很痛苦；也許因為自己的好面子，我們也過得不輕鬆。但是，自從我們來到這個世界開始，就已經注定了我們要與煩惱結上深厚的不解之緣。因為有了煩惱，我們才會不斷尋找消除煩惱的途徑與方法，這樣的生活才會變得更加的豐富多彩。對於生活中的那些心事過重，超愛面子的人來說，哪怕是一點小小的事情都可能嚴重影響到他們的心理狀態，更嚴重的可能會成為導致他們過度憂鬱的毒藥，時刻都會影響到他們的生活起居，所以必要的時候一定要學會試著放下自己的小面子。

但談何容易呢！在我們身邊有著太多這樣的人，他們就是因為放不下自己的面子，而常常吃啞巴虧，受啞巴氣。因為他們過於好面子，所以常常有點「打腫臉充胖子」的嫌疑。在艱難的工作任務面前，他們為了掙回十足的面子，攬下了艱巨的工作，結果不但難為了自己也害苦了別人。因為放不下面子，他們不斷的誇大自己所擁有的東西，結果當別人需要得到他的幫助或者支持的時候，他卻因為自己無法實現而耽誤了別人，同時也使自己尷尬不已。

一些特別好面子的朋友，在他們的內心深處，明知道過度愛面子根本不是一件好事情，但是他們無法說服自己做出一些改變，若是想讓他們放下自己的面子去接受現實的話，對他們來說，那無疑是件非常痛苦的事情。

肖恩，一個曾經非常愛面子又有點小自卑的人。一次偶然的機會，他接觸到了心理學，繼而自己也慢慢的喜歡上了這個神祕的學科。自從肖恩開始了自己的心理諮詢以後，他簡直就像換了一個人似的，越來越能接受現實的殘酷，對於任何事情都能夠拿出自己的觀點與看法，而且也不再沉溺於自己的世界。

他不但認識到了真實的自己，還相信自己能夠憑藉自己的雙手為自己創造出良好的生活環境並保證優越的生活品質。現在的他每次參加會議的時候，他都會選擇坐在最前面而不像以前選擇最偏僻最暗的小角落。每次在別人主持的時候，他不但能夠積極配合而且也能夠要求自己盡可能的參加一些討論，並且將自己認為正確的想法清晰的闡述給大家。

一前一後明顯的變化，來自於肖恩正確的心理認知。他不但能夠正確的對待自己，還能夠盡自己最大的能力幫助更多和從前的他一樣的朋友或者是陌生人。他能從多角度的觀察、分析、了解別人，也能從更多、更新、更全面的視角去理解別人。

事實上，那些自卑、又不願意放下自己小面子的人，他們內心深處並不完全是這樣的人，有些時候是因為他們內心缺乏一種特有的安全感。他們害怕別人瞧不起自己的目光，害怕別人否定自己的成績，更害怕別人背後的議論。他們擔心別人眼中的自己不夠好，擔心不能取悅別人。甚至很多時候，自己都開始懷疑自己是否能夠與別人正常溝通、正常來往。於是，就在自己特製的放大鏡下檢視自己，結果往往被自己所嚇倒。

因為過分的自我設限，在一定的程度上又很難去否定心中完美的自己。所以，在他的職業生涯或者平凡的生活當中，總會出現一些問題，現實的東西總會讓他感受挫敗，因為心中所想的與現實不相吻合，結果只能是坎坷不斷。那麼面對現今如此複雜的社會現狀，又怎能保證與別人的正常競爭呢？為了進入正常的競爭狀態，為了保證自己不再遭遇到更多的失敗與尷尬，應該盡可能的學會巧妙的放下，放下一些所謂的面子問題，這樣的話，可能會得到更多更好的成功機會。

卸下人生沉重包袱，懂得放棄才快樂

一個人從最初的呱呱落地，再到最終的生命終結。無論這個人生前曾經為這個世界留下過什麼，對於他來說，都已經不再重要。

人活一輩子，千萬不要因為一些虛幻的東西而對自己施加壓力。既不要過分的誇大自己的能力，也不要毫無根據的誇大自己遭遇的不幸。所有的生命都是一樣的，可以經歷苦痛，也同樣能夠享受幸福與快樂。

即使在面對幸福的時候也千萬不能因此而膨脹。當面對不幸時也要懂得捨棄一些不必要的煩惱，讓自己盡可能的放鬆，以便於為沉重的生命減去不必要的負重。人生具有一定的雙重性，痛苦雖然不可避免，但快樂卻足以減輕痛苦的程度。忘記不開心、悲傷的事情，讓陽光照進心靈。記住快樂的、高興的事情，讓愉悅永駐我心。

人這一輩子，需要承載的東西實在是太多太多。但是每個人的精力卻是有限的，如果沉溺在痛苦中或者背負起太多的精神壓力，那麼他獲得的快樂也就會相應的減少。所以，只有選擇放棄痛苦才能得到無限的快樂，生命才得以重放光彩。而所有的一切，都需要自己尋找一個卸下重擔的理由，以此來更好的安慰自己無助的心。這個很好的理由既可以是無意中聽來的勸慰，也可以是自己曾經面對過的事情，總而言之，只要可以讓自己從沉重的壓力之下解脫出來，就足以成為尋找快樂、輕鬆生活的源頭。

失去兒子的堅強母親劉淑珍這樣回憶：「當我的兒子剛剛離開的時候，我根本無法控制自己的感情，只要一想起我的兒子，眼淚就像開了閥門的洪水，真的是止不住。對於死去的兒子，不管我怎麼想、怎麼做，他都無法再次回到我的身邊。那種強烈的思念，時時刻刻都在刺痛著我脆弱的心。後來為了能讓自己從中解脫出來，我會盡量的讓自己忙碌起來，很忙的那種。逐漸的，只要我沒有空間下來的時間，便不會有多餘的心去思念我的兒子。」

但是，劉淑珍兒子去世的事實卻像一顆定時炸彈一樣，只要她一靜下來，甚至就連走路的時候稍微停頓一會兒，那種撕心的哀痛就會突然襲擊上來，甚至讓她難以招架。很多時候自己在家工作的時候，她總會習慣性的喊著自己兒子的名字，喊上大半天也不見有什麼回應，這時的她才會意識到，原來兒子已經走了，他永遠也回不來了。之後，劉淑珍擁有的只是止不住的熱淚。

現在的劉淑珍雖然提起這件事就會非常難過，但是相較於兒子剛剛去世那時已有所改善。她是這樣調整自我狀態的：「我不再沒事找事的瞎忙，或者故意逃避這件事情。當沉重的喪子之痛一次次襲來時，我就會放任它，任其湧上心頭，希望這種悲傷能將我淹沒。但是，這樣一來，反而會在一次次的放任中得到平靜。那麼，既然我人生當中最痛苦的那一刻已經過去了，自己為何還要與事實抗爭呢？所以，逝者已逝，但是我卻要以更加完美的姿態活出自己，以便讓我的兒子在天有知的話，也能看到我會照顧好自己，以告慰他的亡靈。」

後來劉淑珍經過自己的一番思考之後，在當地的兒童福利院當了一名義工，因為她想把自己對兒子的思念深深的寄託在幫助的那些失去父母的孩子身上，漸漸的，她也從失去兒子的極度悲痛中走了出來。因為她自己心裡清楚，她的人生還有很長的一段路要走。

也許當我們在面對痛苦的考驗時，我們會震驚並難以接受，之後就是不知所措的四處尋找解決的途徑，或者根本不知道自己究竟該如何來面對這件事情。也許我們真的會選擇逃避。就像，炎炎夏日，我們認為痛快的游泳將是一件非常美妙的事情，也是一次美好的享受，但當我們一切準備就緒，即將跳水的時候，我們表現出的是驚恐無措，不知道該以怎樣的姿態進入水中，因為我們想了好多，也顧慮了太多。

偶爾的抗拒並不代表絕對的排斥或者防禦，只是選擇了對自己的一個小小的保護而已。在嘗試了痛苦之後，也許這個人會自己抉擇，能夠選擇出最適合自己的調整方式，最後也一定會以最好的狀態面對大家。

無論什麼時候，都應該試圖讓自己從不幸中走出來，困難的事情或者境遇就像大山一樣重重的壓在人們的身上，有時候苦苦掙扎反而會讓承受者更加的痛苦。如果能在痛苦與挫折面前坦然面對的話，相信也一定可以更快的接受一切不好的現實，美好的未來也必定呈現在每個人的面前。淡然的讓那些痛苦遠去，真正的放掉以前的所有痛苦，讓快樂代替它好好的生活。

豁達看得失，淡泊觀榮辱

人生就像在演戲，每天的生活就像戲劇的情節。一幕幕不斷的上演，日復一日，年復一年。雖說生命有其堅強的一面，同時生命也有其脆弱的一面。人生在世，短短幾十年，為何要將自己緊緊的束縛在外界虛浮的外殼之下。對於廣大的世界來說，我們是那麼的渺小。對於這個世界來說，我們都是匆匆過客。人生既然那樣渺小、短暫，那又何必活得如此艱辛，所以，我們應該好好珍惜自己的生命，豁達的對待一切。

清朝時，有這樣的兩戶鄰居，葉家與張家。起初，他們相處得倒也非常融洽，每當一家有困難，另外一家必會鼎力相助，可是，後來葉、張兩家的關係突然變得緊張起來。原來，產生矛盾的主要原因竟然是兩家都要起屋造房，為了爭地，兩家就發生了爭執。

張家的兒子張廷玉，在京城做宰相，家中的老父親不肯讓步於葉家，他不能接受葉家無理的姿態與要求。於是，張家老父親因為自己無法解決這個問題便親自給做宰相的兒子張廷玉寫了一封緊急家書，希望兒子能出面解決這件事情。

張廷玉看到老父親的親筆書信之後，並沒有立即採取措施，更沒有親自出面干涉這件事情。只是給自己的老父親回了一封信，書信的內容簡單明瞭：「千里求書為道牆，讓他三尺又何妨？萬里長城今猶在，誰見當年秦始皇。」

張家老父親看到兒子竟然如此的豁達與開明，自覺自己有些做法不是很妥當，不但沒有為兒子的名譽著想，反而想借兒子的官位嚇唬葉家，老人心中不免有些慚愧。後來他也奉勸家人把牆退後三尺。這時候的葉家看到張家如此通情達理，自覺慚愧，也馬上把牆退後三尺。就這樣，張家和葉家的院牆之間，就出現了六尺寬的巷道，後來就成了有名的「六尺巷」。因為張廷玉的勸說，雖然失去了祖傳的三尺土地，但是換來的卻是鄰里之間的和睦以及流芳百世的美名。

「讓他三尺又何妨」！一件讓牆的小事向大家展現出的卻是張廷玉寬闊的胸懷，以及對待事情的豁達與明智。在張廷玉的心中，他們兩家相爭的土地就像錢財一樣都是身外之物，根本不值得大動干戈，傷了兩家的和氣。他自己心中很明白：就連長城那樣宏偉壯觀的建築，秦始皇死後都無法擁有，何況自己家的那道小小的界牆，又算得了什麼。他聰明的用國比家，簡單明瞭的告訴老父親看待問題的道理。人赤裸裸的來到這個世界，又赤裸裸的離開，所有的一切都無法帶走，那為何又要爭來爭去？在膚淺的利益與深厚的友情之間張廷玉為大家做出了很好的榜樣，他盡自己最大的能力保全了後者。

日常生活中，當自己的利益與別人的利益發生衝突的時候，一定要用長遠的目光看待問題。盡可能的既保全自己也要照顧別人。在友誼與利益發生碰撞時，我們一定要清醒的認識到事情的嚴重性，第一要考慮的就是捨利取義，寧願讓自己吃一點小虧，也千萬不要讓友誼受損。

清代著名的畫家鄭板橋曾說過：「吃虧是福。」而那些平時喜歡斤斤計較的人，並不這麼認為，這些人總不願意讓自己吃一點虧，他認為自己吃了虧別人就會當自己是傻瓜。其實，他們越是計較、越是得寸進尺的占別人的便宜，自己的內心越無法得到滿足與平靜。「吃虧是福」並不是精神勝利法，而是深厚閱歷的沉澱與累積。

我們作為平凡的百姓，也許最難忍受的吃虧就是錢財的失去。在一般情況下，當我們遇到這樣的事情，幾乎都會被激怒。因為財富是一個人所擁有的最基本的物質享受，一旦被別人覬覦甚至是剝奪，有所失去的人不可能平靜的接受。但是，為什麼不好好想想，所有的財物都只不過是身外之物，只要自己內心富足，那些又算得了什麼。

當我們享受幸福的時候，千萬不要因為一時的舒暢而洋洋得意，忘卻一切痛苦的奮鬥過程，我們應該好好的珍惜目前自己所擁有的一切，淡然的對待現在的自己，切勿過於浮躁。

與其抱殘守缺，不如就地放棄

世上的很多事情都存在一定的相似性，感情也一樣。與其抱守殘缺，倒不如就地放棄。如果已經到了無法挽回的地步，就痛痛快快的放手，給別人一個出口，同時也給自己一些新的選擇。當愛已經走遠，放手與捨棄可能是最好的也是唯一的出路。更何況暫時的失去並不代表永遠的失去。

學會適時的放手。千萬不要因為自己的不甘心而死死糾纏。如果愛情已經成為過去，即使再努力也無法挽回，那麼一味的糾纏，只會帶給彼此更大的傷害。得到的不一定是最好的，但一定是最適合自己的。在情感的處理上，一定要掌握好分寸，否則無論和誰在一起都會給對方造成無形的壓力。要給彼此舒適的自由度，讓對方盡可能的保持最好的自我狀態。

兩人之間的關係或者感情一旦出現問題，甚至到了無法挽回的境地，那麼，就請該放手時就放手。也許破裂之後的感情會伴隨著很多的不滿與抱怨，但為什麼還要費心的去抱怨與嗔怪呢？何不送上最貼心的祝福：「只要你過得比我幸福！」簡簡單單的一句話，卻是愛的另一種體現。

放手代表新的開始。放手之後就應該學會坦然面對，不要過分沉溺於過去的往事之中。相信有愛存在過，那麼就不要有任何的懷疑，大膽的向前走，一定會看到更美好的風景。

相愛的過程就像兩個舞伴之間舞出的步調，只有情投意合、感情恩愛的兩個人才能踏出一致的節拍、舞出最美的姿勢。如果其中有一個人不是很情願，那樣跳出來的舞姿一定很荒唐，更甚者可能出現摔傷的危險。

兩個相愛的男女，宸俊與安琪他們有過非常甜蜜的過往。從最初的相識、相知、相戀再到相愛，一起走過了六個春夏秋冬。隨著時間一天天過去，他們一起生活，一起經歷甜蜜與苦悶。但是隨著時間的積累，宸俊和安琪經常會因為生活中一些雞毛蒜皮的小事而大動肝火，發生在他們二人之間的爭吵越來越多。逐漸的，兩人之間不知不覺的就產生了巨大的裂痕。他們內心也許還是愛著對方的，但是因為對彼此太了解了，有些缺點簡直就到了無法繼續下去的地步。然而宸俊與安琪誰也不忍心提出分手，擔心傷害對方。因此，他們繼續痛苦不堪的生活著。

一天下班，宸俊經過再三考慮，決定前去尋求他的心理醫生朋友誌偉的幫助。誌偉聽了宸俊的訴說之後，微微的點了點頭，於是起身從臥室找出了一個空的花瓶，然後將橘子放進花瓶中，接著便讓宸俊把手伸進去，並且還要再次把橘子拿出來。宸俊很輕鬆的就把手伸進了瓶子，可是當他想要輕鬆的拿出橘子的時候，他的手卻被死死的卡在了瓶口。

「怎麼樣，拿不出來吧。你想抓住橘子，卻因為瓶口的原因，死死的套牢了你的手。如果你將橘子鬆開，你的手還是能輕鬆的出來。就像現在你和安琪的關係一樣，你們既然已經到了無法再繼續相處的地步，如果你還想抓住不放的話，結果就是你既得不到自己想要的，也把自己死死的囚禁了起來，如果你能清楚的認識到這一點，理智一些，趁早放手。這樣的話不僅為你們彼此都找到了更好的出口，也讓大家有了更好的選擇。」誌偉的這番話，讓宸俊看到了走出感情漩渦的路。

聽完誌偉的一番話，宸俊也深深的明白了他與安琪之間存在感情問題的背後，究竟還潛藏著什麼，自己的心裡更加清楚了自己想要什麼，不想要什麼，與其這樣抱守殘缺，倒不如瀟灑的放下，這樣不但還安琪一個自由，也讓自己能夠重新選擇。

兩個相愛的人在一起，有時真的就像在拉橡皮筋，如果拉得太緊，不但沒有足夠大的力氣將它拽回來，反而傷害了彼此。曾經看見過一群小孩子，做了這樣一個小遊戲，他們抓到兩隻蜻蜓，用一根細細的繩子把兩隻蜻蜓分別綁在繩子的兩端。如果這兩隻蜻蜓能夠齊心合力的話，牠們就可以飛起來，如果牠們分別向著不同的方向起飛，不僅無法起飛，而且還會受到對方的牽制，如果再朝自己的方向使勁的話，那麼造成的結果就很有可能折斷彼此的翅膀。

如果有機會去愛一個人的時候，就好好的愛；如果緣分到了盡頭，無法再繼續下去的話，就學著灑脫的放手，不要再為自己尋找任何藉口來維持這段已經不再可能的感情。錯過了美麗的花，也許你將收獲清新的雨，每一次的相遇都是很美的，每一程的相伴也都讓人沉醉。也許因為無法再擁有，才讓我們更感眷戀；也許無邊的思念才讓我們更覺得留戀。感情永遠都是一份沒有答案的考卷，拚命的苦苦追尋也許並不能讓生活變得更加圓滿。正是因為有了明智的放棄，才讓今後的路走得更寬了一些，更久了一些。放下舊事，收拾好心情，繼續向前吧！

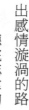

喜歡一樣東西，就要用心去欣賞、珍惜，讓它更加珍貴。喜歡一個人，就要讓他快樂，給他幸福，讓那份感情更真摯、更純美。如果你無法做到，那你還是盡快放手，讓他去找真正屬於他的出口，放棄也是一種灑脫，一種美麗。

該放手時就放手，不僅成全了他人，也拯救了自己。不要再猶豫了，放手是給他人自由，更是給自己空間，還是那句話：「與其抱殘守缺，不如就地放棄。」

放棄的背後就是一種收穫

西晉著名的文學家、書法家，陸機在他的《猛虎行》中有這樣兩句詩：「渴不飲盜泉水，熱不息惡木蔭。」它本身的含義是：即使口渴了，也不去喝那些被汙染過的泉水，儘管燥熱難耐也不會選擇在不好的樹蔭下乘涼。這兩句詩還潛藏著另外一層更深刻的含義：做人一定要正直，清白，不能被外來的誘惑或者腐敗的思想所汙染，在那些不好的事物面前一定要保持清醒的頭腦，做正確的選擇。

這是很久以前，古人們用來勸誡、警示自己的人生格言。那麼，我們這些生活在二十一世紀的人們，面對複雜的社會現象，同樣需要具備明智的取捨觀。在如今這樣一個物慾橫流、燈紅酒綠的時代，每個人的面前都會出現太多的誘惑與地位或者權利的相爭。

在金錢、權利、美色面前，如果不能很好的權衡自己的處境，一心只想抓住自己想要的東西不放手，這種人的結局一定不會很好，因為這些物質的東西帶給他們的是更大的心理壓力，盲目的追求物質的享受只會讓他們良心不安，甚至自我毀滅。

一個偏僻的小鎮上住著一家靠種地為生的農戶。家中的男主人名叫查理，他每天都早出晚歸，日復一日年復一年的在田間辛勤勞作。他們一家四口主要就靠耕種一小片貧瘠的土地過生活，每年的收成都非常的少，有時甚至都等不到新糧食的收成，舊的糧食就早已清倉了，日子就這樣艱難的維持著。

一位善良的天使看到了，他非常同情查理一家的境遇。這位天使來到人間對查理說：「如果你想擁有大片的田地，你可以不斷的向前跑，盡自己最大的可能不停的跑，凡是你跑過的地方，那些土地都將永遠屬於你。」

聽完天使的話，查理簡直高興極了！他不顧一切的奮力向前跑。查理一直跑、一直不停的跑！不知道自己跑了多久，跑到累了，就想停下來休息一會兒。但是，他只要一想到家裡的妻子、兒女，他們都還等著有更多的土地去耕作，以便得來更多的糧食和金錢。於是剛停下來的查理，又拚命的繼續往前跑。這時候，查理是真的累了，他上氣不接下氣，終於癱倒在地。

可是，倒在地上的查理一想到自己年紀也大了，今後的生活還需要更多的錢，只要他能跑出足夠大的土地，就可以種出很多的稻子，這樣一來收獲的稻子還可以換來好多的錢，他不斷的思考著這樣的問題，於是他再次掙扎著站了起來，可是還沒等到他再度邁出步子，就又再次倒在地上，最後，因為疲勞過度，體力不支而死了。

在現代社會，在我們的身邊因為「過勞死」的人已經不是什麼個別現象了。許多人活在這個世界上背負了太多的責任，為了家人，為了事業。在他們的心中，始終堅信：人生在世，必須不斷的努力奮鬥。

為了給家人和自己創造更好的生活條件，他們不斷的努力「向前跑」、不斷的「拚命賺錢」，儘管自己已經遍體鱗傷，或者已經體力不支。他們跑啊跑啊，在他們一直拚命向前的時候，早已經忘記了來時的路。

所以，希望每一個在路上的人，對於一切身外的東西都不要太過盲目的追求。在抉擇的十字路口，一定要想明白自己需要什麼？哪些東西對自己才是最重要、最珍貴的？在合適的時間裡，做出最適當的選擇，這才是人生最聰明的選擇。如果你什麼都想要，什麼都想拿，一直以這樣的狀態活著的話，就一定會累死自己。要學會該放就放的瀟脫，也要會在障眼的迷霧中選擇正確的方向，勇往直前。

感念變化，學會放棄

人生，是一道既複雜，又簡單的數學題。只要掌握了正確的運算方法，就可以簡單的求出結果。當一個人面對不同的解決方案時，最好能夠坦然處之。善於運用不同的人生規則進行自我取捨，這需要一定的聰明才智。如果想駕馭好自己的生命之舟，每個人都將面臨一個永恆的課題：學會放棄，懂得轉彎。

世界名作《飄》的作者瑪格麗特・米契爾曾經說過：「直到你失去了名譽以後，你才會知道這玩意兒有多累贅，才會知道真正的自由是什麼。」久負盛名的瑪格麗特・米契爾竟然是帶著一顆疲憊的心活著。她是為別人而活的，包括她的名譽、地位、甚至自己的生命。她認為自己活得很累，這件事她意識到了，那麼我們呢？我們是否因為自己的平凡生活，不斷的羨慕那些名人所具有的風采。其實我們看到的都是他們表面的風光，卻難以感受到他們背後的辛酸與苦痛。

儘管平凡、普通的生活讓人感到平淡無味，但是這樣的生活卻足以讓人倍感輕鬆。聰明的選擇就是在任何情況下都能以快樂、樸素、簡單的心情過日子。

在一個清幽的小鎮上，有一個小小的豆腐坊。這家豆腐坊的主人是一對中年夫妻，男的叫弘曄，女的叫秀娟。他們夫妻二人每天都快樂的做豆腐、賣豆腐。

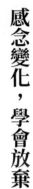

每天清晨，他們的豆腐坊門口都要走過一個與弘曄年紀相仿的中年富商，這是當地著名企業的董事長，喬麒。他每天早上都會起得很早做晨練。每天的這個時間，喬麒漫步到豆腐坊的門口時，幾乎都能聽到弘曄夫婦愉快的歌聲從那間小屋子裡悠悠的傳出來，非常好聽。這天早上，喬麒忍不住的走進了豆腐坊，看到弘曄與他的妻子秀娟正在忙碌的磨著豆子。

喬麒便開口說：「你們這樣賺錢，真是太辛苦了，我願意幫助你們，讓你們過上真正輕鬆快樂的生活。」後來，喬麒履行了自己的諾言，讓自己的屬下給弘曄夫婦送來了一大筆錢。當天夜裡，喬麒躺在床上輾轉難眠，他想：「這對夫妻以後再也不用辛辛苦苦的磨豆子做豆腐了，如果是這樣，他們的歌聲一定會更清澈，更響亮。」

第二天一大早，喬麒早早的就出來晨練。再次路過豆腐坊，可是怎麼等都聽不到弘曄夫妻的歌聲。喬麒猜想：也許是因為他們一下子得到這麼多錢，激動得一夜沒睡好，這時肯定還在睡懶覺。可是，之後的第二天、第三天，依舊沒有夫妻二人的歌聲。

到了第四天的時候，當喬麒再次站在豆腐坊門前時，弘曄從裡面走了出來，看到喬麒，他驚喜的跑到喬麒面前，從口袋裡拿出了喬麒送給他們的那些錢，急忙說道：「喬先生，我正想去找您呢，我們夫妻非常感謝您的厚愛，但是，您的錢必須還給您。」喬麒納悶的問道：「這是為什麼呀？有了這些錢，你們不是能夠生活得更好嗎？」弘曄摸著自己的後腦勺笑著說：

「沒有這些錢的時候，我們每天都要做豆腐賣，雖然辛苦，但是心裡踏實，每天吃著碗裡的飯也是舒服自在的。但自從得到了您給的這些錢，我們夫妻二人反而不知道該做些什麼，想做一些大買賣，但我們又沒那個能力，就連唱歌都覺得沒什麼力氣。不做豆腐了，反而更找不到快樂了。如果繼續做豆腐的話，我們完全可以憑藉著自己的雙手養活自己，這樣的話，我們也不需要那麼多的錢。把它放在屋裡，又怕被人偷了，所以還是還給你吧！」

聽到這裡，喬麒接過了弘曄遞過來的錢，心中還是有些不太理解。後來，喬麒依舊每天清晨在那條小路上散步，當然，弘曄夫妻倆幸福快樂的歌聲依舊。

這樣的故事，在當今這樣的社會似乎有點讓人不敢相信。有哪個人能夠如此幸運，不費絲毫的力氣就會有富翁的支持或幫助。也更不可能出現這麼好的富人，願意不求回報的把自己的金錢贈予一個與自己毫無相關的人。像弘曄夫婦這樣窮的人，他們竟然還能在意外得來的金錢面前表現得如此冷靜。他們的樸實，他們的平凡使他們堅定的放棄了原本就不屬於自己的東西，儘管那是一筆不小的財富，但是不屬於自己的，即使再好，也不該拿來自己享用，這是一種寶貴的智慧。

難道錢多不是好事嗎？錢多確實是好事，但是多的前提，一定是自己雙手工作賺來的，只有那樣，自己的心裡才會更踏實。這就像明朝人陸紹珩講的那個「白鬍子老貴人」的故事，就是因為「錢太多」，所以思慮重重，既想擁有很多的金錢，又害怕別人覬覦自己的錢財，最終卻連個安穩覺也沒有睡好過。

所以，盡可能的以淡泊之心對待金錢、權力、地位和名譽，這也是避免遭遇厄運與痛苦的最好方法，也是超然於世的最大智慧。

第六章　低調做人，高調做事

低調可以說是強者的處世哲學。越是飽滿的穀穗，它的頭卻總是最低的一個；越是高高在上的建築，它的地基也是挖的最深的一個。做人也是一樣，越是強大的人，他的姿態也必定是最低的那個。低調是種策略，低調是種心態，低調是種哲學，低調是種智慧，低調更是種境界。謙虛內斂的人一定能夠做到豁達而平和，低調的人也必定能夠成就一番大的事業。

培養低調做人的智慧，首先必須得擁有一顆平凡的心。因為平凡低調，所以才不會被外界干擾。在處理一些問題的時候才能夠更冷靜、更務實。這也是一個人成大事的基本前提。不張揚，不浮躁；放低姿態，方成大器。低調做人可以說是智者的生存之道。這也許就是所謂的：「大招風風撼樹，人為名高名喪人。」的道理。

低下高貴的頭，收起虛榮的心

一個謙虛謹慎的人，在他的心裡時刻都有不斷進取的意識。他相信：天外有天，人上有人的道理。所以他虛心請教，認真學習，不斷的讓自己接受新的事物，學習新的知識。謙虛的人，儘管綜合素養過人，本身的能力也已經超出了一般水準，但是，他們還是非常低調的做事，並且盡可能的嚴格要求自己，使自己的虛榮心得到一定的控制。

不懂得謙虛的人，在別人面前總喜歡指點這個那個的，生怕別人不知道自己多有能力。所有的事情都好像就沒有他不懂的，樣樣事情他都在行，甚至可以用「萬事通」的封號來炫耀自己，以此來提高自己的威望與地位，贏取更多人的尊敬。但是所有的事情似乎都有其存在的相對性，你越是炫耀自己的能耐，別人越能看出你的虛浮，從心理上也會更加的排斥和反感。

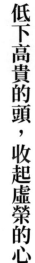

其實在我們每一個人的潛意識裡，都存在著一定的不安分因素。每個人都有其爭強好勝的一面，只是有些人不善隱藏，全部展示在了別人的面前。殊不知，自己的這種表現在不經意間傷害到了別人。人們總是非常歡迎並且尊重那些為人謙遜者。無論和誰在一起，或者今後將與誰一起結伴前行，謙虛還是必備的品質之一，等到順利抵達成功的巔峰時，也許會發現：謙虛才是最好的通行證。

美國的企業大亨喬治，在他還沒有成功之前，曾在一家很小的私人肥皂公司做推銷員。有一天，他來到一家小型超市推銷公司的肥皂。但是正忙碌著的超市老闆很不耐煩的揮揮手喊道：「你走吧！我這裡的貨很多，根本沒有閒時間陪你瞎聊，等以後有時間了再說吧！可是堅持的喬治依然在旁邊站著，試圖再次說服老闆，並且希望他能夠購買一些自己推銷的產品。

沒料到，還沒等喬治繼續開口的時候，這位超市老闆就破口大罵：「帶著你的破商品馬上給我滾開！剛才不搭理你是給你面子，也不想讓你太難堪，可是你這傢伙竟然不知好歹，還繼續待在這裡！」

這時，受到如此「禮遇」的喬治一邊蹲下身子收拾自己的箱子，一邊心平氣和的對老闆說：「非常抱歉，因為我剛做業務員沒多久，在這方面還是外行，還希望您能給予我更多的指點和幫助。如果我想把自己的這些肥皂成功的推銷給別人，應該如何更好的與別人搭訕呢？」

超市老闆聽到這裡，態度由最初的惡劣一下子緩和了許多。他覺得剛才自己用那樣的態度對待喬治實在是有些過分。他覺得喬治能以一個求學問的姿態向自己求教，也不計較自己對他的那種態度很難得，於是也非常願意與喬治推心置腹的展開討論。

「先生，真的想不到您竟然對我們公司的產品如此多的了解！更何況，您說的每一句話都能切中購買者的心理，相當具有說服力！謝謝您教會我這麼多。」喬治由衷的感謝超市老闆。

聽後，超市老闆之前的所有怒氣也沒有了，而且他心平氣和的在喬治那裡簽下了一筆數目可觀的肥皂訂單。喬治以自己虛心的姿態向他的客戶請教如何更好的與客戶建立良好的銷售關係，不但獲得了對方的好感，同時也以自己謙虛的態度壓倒了對方的傲氣，可以說喬治的這次推銷是一次成功的推銷，也為喬治後來的成功打下了良好的基礎。

生活中，我們會遇到很多像推銷這樣相當困難的工作。遇到一些難纏的對象或者客戶是在所難免的，只要我們能夠低下高傲的頭，快速的收起自己的虛榮心，相信一定可以取得最終的勝利。

不管什麼時候，都應該以最低調的姿態與人交往。如果你以一種高貴的姿態出現在人們面前，會讓那些地位卑微或者遠遠落後於你的人產生深深的自卑感，他們害怕你的出現，不願意在你的光環下生存。所以他們也許會遠遠的躲開。躲開有你存在的地方，避開你眼神所能及的地方。如果長此以往的話，那麼，孤獨的人將會是你。

一切的虛榮都如同過眼雲煙，會隨著風的方向飄散遠方，也會隨著雨的方向墜入泥裡，只有人心的沉澱，才會將一切盡收於心間，活出真正的自我。

自古真人不露相，隨便露相非真人

相信人人都應該知道「物極必反」的道理。任何事情都應該具有一定的限度。對於一些深藏不露的意圖可作適當的利用，但千萬不可濫用，更不可以隨意向外洩露。一切的聰明與才智都應該稍稍的進行一些掩蓋，因為「樹大招風」，才智過於顯露的人很容易招來猜疑與嫉妒，更有甚者可能會招致別人極度的厭惡。

春秋戰國時期，有一戶溫姓人家，由於早年一直經商，所以家底頗為豐厚。其家有一子，取名溫如春，因為從小就對琴藝頗有造詣，時間如梭，轉眼間，如春就已成人。至於琴藝，運用得已是非常嫻熟。

一次，他帶了幾名隨從出遊到了山西，當他們一行幾個人走到一座寺廟前的時候，忽然看見寺廟門口坐著一位閉目的道人，放在道人旁邊的是一個大大的布袋，袋口微露的地方出現了古琴的一個角兒。

看到這裡，溫如春心想：「莫非這老道人也會彈琴？」溫如春二話不說就湊上前去，很是莽撞的問道人：「你可會彈琴？」聽到有人與自己搭話，之前閉目的道人這時微睜雙目道：「略知一二，正想拜師。」從道人的口中聽到的是謙恭的語氣。這時只見溫如春很是高傲的說道：「不如讓我彈一首給你聽聽。」

接著，只見道人小心翼翼的從布袋中將琴拿出。看到確實是琴的溫如春立即盤腿，席地而彈，剛開始的時候，溫如春也是很隨意的撥弄了一首，只見道人微微一笑，但並不言語。見道人對自己所彈奏的曲子沒有什麼大的反應，於是又彈奏了一曲，道人依然沒有反應。看著道人如此的反應，溫如春有點惱怒，他非常生氣的對道人吼道「你怎麼了，難道是我彈得不好？」

這時候道人不緊不慢的開口回答道：「還行吧，但也並非我想拜之人。」聽完道人的這一番話，溫如春實在沉不住氣了，便帶著挑釁的口吻對道人說：「就算我彈得不行，那你倒是試試看，到底彈的有多好，也讓大家見識見識。」

道人依舊是不作聲，只是輕輕的從溫如春手中接過琴，在琴上輕撫了幾下，其所發出的聲音如流水淙淙，又如晚風輕拂，讓當場的所有人都聽得如痴如醉，甚至連周圍的樹枝上都停滿了前來聽音樂的小鳥。一曲終了良久，溫如春等人才從美妙的樂曲中回過神來，這時，只見溫如春撲通一聲跪倒在道人面前，行了大大的一個拜師禮。

人生其實就是個大大的萬花筒，在為人處世的時候，千萬不能太顯露自己的聰明才智。俗話說「人難得糊塗」，糊塗有時候並不是一件壞事，過於聰明了反而會遭到更多人的嫉妒或者傷害。有一種智慧就叫「大智若愚」，而「大糊塗」則一定是大智慧。在做事情時一定要三思而後行，不要隨隨便便就將自己完全暴露在別人面前，真正的智者就是那些永遠走在最前面，卻又總是最沉默的那一個。

該出頭則出頭，不該出頭時不能出

生活中有很多常聽到的俗語，比如「槍打出頭鳥。」、「木秀於林，風必摧之。」、「人怕出名，豬怕肥。」、「樹大招風」，等等。這些俗語主要是想向大家闡明一個簡單的道理，那就是在必要的時刻一定要學會該出頭時要出頭，不該出頭時，千萬不要因為面子問題去衝動的做任何事情。

不管是那些剛剛走出校門，踏入社會的大學生，還是進入社會多年，已經得到了很好歷練的社會菁英，只要是進入到一個新的環境，一定要保持一顆謙遜而又踏實的心，不要因為自己曾經在校的優秀表現或者熟知於某一行業的相關程序自傲自大，過於急切的表現自己。如果還是克服不了自己強出頭的心理，很有可能早早的被淘汰掉。

任何企業都不會歡迎這樣的人。從心理層面來講，幾乎沒有哪個老闆願意接受這樣的新人，老闆會擔心你搶風頭，使得自己在其他員工面前失去威嚴。也不會有哪個員工歡迎這樣的同事，因為自己熟悉行業的操作流程，而且經驗豐富，那麼相同的時間就會創造出多於其他人的價值而得到上級的肯定與賞識，這樣一來，很有可能給其他同事帶來更大的壓力。

一九八〇年的時候，日本曾拍攝過一部長達八十集的勵志電視連續劇《阿信的故事》。這部電視劇一播出，居然很受到廣大老百姓的追捧，許多觀眾都會一集不落的認真觀看。這部電視劇的成功熱播對當時的年輕人產生了相當深刻的影響。

電視劇《阿信的故事》，內容梗概是描述一位出身貧寒的日本女孩阿信，由最初的貧寒，再經過自己的努力奮鬥，到最後的出人頭地，以至於成為當時日本著名百貨連鎖企業老闆的傳奇經歷，所有關於阿信的成功，都始終聚焦在阿信做事與做人的分寸上，這一點在當時的人們看來，她是非常了不起的，因為她心中永遠都清楚：自己該做什麼，什麼時候做最合適，她都能掌握得恰到好處。

阿信從自己貧寒的家庭走出來，她辛苦的為自己尋找任何一個可以工作的機會。終於在阿信的努力中，不知給那家美髮店的老闆說了多少好話，才能留在那家小小的美髮店做一些瑣碎的小事。可是在阿信的眼裡，這是一份來之不易的工作機會，她一定要認真對待。在她心中最大的夢想就是希望自己能夠一直留在這裡，能有口飯吃。所以，為了這個小小的夢想，阿信在店裡總是最勤快的一個，她盡可能的努力做著。

每天，阿信都是起得最早的一個，在大家都還沒有開工之前，她就已經把地板清洗乾淨了，還將店裡所有的理髮器具也擦得乾乾淨淨。

做完這些事情之後的阿信天真的以為會得到老闆的認可，同事的喜歡。可是讓她萬萬沒想到的卻是自己的勤勞竟然引起了別人更大的反感。原來她所做的這些事情是有專門的工作人員負責的，他做了這些事情，那個工作人員就很有可能被老闆辭掉。所以，她不但沒能換來大家的感激，反而受到了更多同事的刁難。許多同事都非常不友好的對待她。這時，阿信才清楚的意識到自己竟然因為過分的想獲得這份工作，無意中竟搶了別人的工作。

但是機靈聰慧的阿信經過長期的觀察，終於在店裡為自己找到了另外一份新的工作。這可是店裡從來都沒有人做過的事情，就是為那些還在等候美髮的客人添茶倒水，給做完頭髮即將離去的顧客擦鞋。阿信為了自己在理髮店積極努力的開拓新的工作領域，她的這一舉動不但贏得了老闆的肯定與讚揚，同時還得到了更多同事與顧客的誇獎。

「該出頭時則出頭，不該出頭時千萬不能出」這是送給每個人的人生格言，同時也是對每個人的最大考驗。掌握好做事的分寸是非常重要的，也需要一定的耐心。這個度要掌握得恰到好處卻是非常不容易的，多一分會讓別人覺得這個人為人處事有些浮躁，少一分又似乎過於低調，很難合群。

如何施展自己的能力，什麼時候施展，施展到一個什麼樣的程度，這都是要講究的。無論是生活還是職場，每個人都需要培養自己這方面的處理能力，因為這裡頭暗藏玄機。懷有積極、熱情的做事態度難能可貴，也是成就自我的必備條件。但是，切記一定要掌握好度，太過了反而會給自己帶來一些不必要的麻煩。所以，無論走到哪裡都不要急著顯露自己的能力，謙虛一點，低調一些，這是最穩妥也是最安全的自我保全法。

平常心做人，進取心做事

一般情況下，那些比較優秀的人大多都是一些天資平平、也沒受過什麼良好教育的人，但是他們身上卻具有其他條件優越者所不具備的全力以赴的做事態度和不斷進取的工作精神。

很多時候，人們一味的追求結果，卻忽略了其中更多的過程，這也是最常見的一種現象。無論是從個人身上，還是從國家的發展來看，多少都存在一些這樣的問題。戰爭時期，常常會看到一些士兵，因為他們極度缺乏耐心，也不能夠沉著應戰，結果讓自己完全暴露於敵人的槍口之下，這在當時來說，就是他們致命的弱點。

除此之外還要能夠做到自己的生活自己做主，盡量不與人比較，也許只有這樣，才能夠從內心上獲得寧靜。任何時候都不能過於浮躁，要學會隨遇而安、適可而止、知足常樂。盡可能的以一顆平常心對待生活中的一切起起伏伏。

東漢末年，著名醫學家張仲景，無論什麼時候都會堅持自己的人生理念：清心寡慾，排除雜念，思想清靜，絕不見異思遷，想入非非。甚至在他任職長沙太守時，依然將權、勢、錢看得淡如清水。張仲景從來都不會為那些身外之物去煩惱，甚至在他功成名就的時候依然一邊繼續專心的攻讀醫書，一邊堅持救死扶傷、治病救人。

每天，張仲景都會利用自己空閒的時間為一些貧苦的老百姓治病。在他為病人治病的過程中，從不擺架子，幾乎是隨叫隨到。對前來就診的百姓，他從來都不分貧富、貴賤、親疏，對大家一視同仁，並且每次診治都只是收回低廉的成本費用。

對於那些無錢買藥的窮人，他不但不收任何診療費用，而且還會解囊相助。這樣的舉動引起了家人的不滿。一天，他的夫人抱怨說：「雖然我們不指望你能升官發財，讓我們跟隨你享受什麼大富大貴，但是你每天這樣忙碌，還讓我們陪著你瞎忙，我們也沒說什麼，但你竟然還把自家的錢財搭進去，要知道我們的日子也並不富有啊！」

聽完夫人一番話之後，張仲景坦然一笑說：「此為人生區區小事，何必去多想！」這就是張仲景的平常心。俗話說：「心底無私天地寬」，如果大家都能少一些私心，多一些生活的感悟，能有一顆平常心的話，那麼世間的煩惱也就自然會少很多。就像曾國藩曾經說的那樣：「廉者足而不憂，貪者憂而不足；知足者常樂，寓樂自足中。」

如果要用行為的動靜與內心的動靜進行比較的話，那麼內心的動靜才是最為根本的，因為精神才是人生所有活動的泉源。如果想在修養上有所作為，就一定需要在「靜」上面下點功夫，即使想幹一番轟轟烈烈的大事業，也同樣需要內心的寧靜。

凡事追求的不是「快」，而是「成」。想要成就一番事業，萬不可以為了結果而急躁，應該始終保持一顆安靜的心，認真耐心的對待所有事情，相信一定可以得到自己想擁有的一切。

所以，讓我們剔除掉內心一些無謂的懷疑，讓自己活得更單純、更灑脫、更真實、更熱情一些。進取心作為我們成就事業最珍貴的品質之一，我們更應該積極的保持，這也是任何人都應該具備的，因為有了進取心，才不會站在原地踏步。只有具備了一定的進取心，才能夠在積極主動的狀態下不斷的進步。

幾乎所有的成功者，他們都具有積極主動的良好習慣。因為主動，他們才不至於落在別人的身後；因為主動，他們才更加繼續向前；因為主動，他們從不等待別人吩咐；因為主動，他們才不會處處受人壓制。一個人所承受的被動局面完全是由自己造成的，如果不積極主動進取，就會從這個遊戲規則中被永遠的淘汰出去，自己的內心也將永遠無法得到平靜。

保持生命低姿態，更好的保全自己

相信沒有誰會喜歡那些驕傲自大、目中無人的人。這種人如果進入到了團隊，肯定不會很好的與人配合，更不可能虛心的向別人求教。因為在他們心中，始終相信自己永遠都是最棒的那一個。

這個世界根本不存在十全十美的人，不同的人各有所長也各有所短。與人相處，千萬不可以拿自己的強項與別人的弱項相比較。如果自滿於自我的一丁點成績之上，根本不可能得到大家的認可。當你炫耀自己的優點時，也要盡可能的關注一下別人的長處。這樣既能夠彌補自己的不足，也較能考慮到別人的感受，這才是一個有智慧的人。如果想要更好的保全自己，那就試著放低一下生命的姿態。

其實每個人都有可能是某方面的專家，每個人都應該保持最本真的自己。任何一個團隊領導人更應該做到這一點。這樣的話，團隊領導人就不會因為外界的高壓輿論而使團隊垮掉。而且團隊中的每位成員也會一直覺得：自己的努力與付出一定可以得到上司的認可與欣賞，因為他們是如此的謙卑與隨和。

剛被分派到研究院上班的博士甄允浩，上班的第一天就知道了自己原來是這裡學歷最高的一個人，心中不免有點小小的興奮。於是，他很是得意的在這裡工作著。一天下午下班之後，閒來無事的甄允浩帶上漁具來到研究院後面的小池塘釣魚。這時候，他看見正副院長也在這裡釣魚。

甄允浩知道，今天來釣魚的這兩位上司都沒有自己的文憑高，也沒什麼很大的本事，完全不用過於緊張他們的存在。於是，甄允浩只是禮貌性的朝兩位院長微笑著點了點頭。然後給自己找了一處合適的地方就坐了下來，一切準備工作就緒之後，就悠閒的等待魚兒的上鉤。三人很快都進入到釣魚的狀態中。過了一會兒，只見與自己同姓的那位院長伸伸懶腰，蹭蹭蹭的從水面跑到對岸的廁所去了。

這時的甄允浩還以為自己在做夢呢！眼珠子瞪得都快掉下來。「難道是輕功水上漂？不會吧？這又不是在演武俠片！」甄允浩心裡犯著嘀咕。這時，甄院長又從對岸蹭蹭蹭的飄了回來。這次甄允浩可是看得真真切切。「到底是怎麼回事呢？」甄允浩心中依然犯著嘀咕：「之前自己也沒過去和兩位院長打招呼，這次要是過去請教，不就太沒面子了，更何況自己還是一個堂堂的博士呢！」

又過了一陣兒，那個姓王的副院長也站了起來，伸伸懶腰，也蹭蹭蹭的飄過水面，進了對岸的廁所。這時的甄允浩差點沒暈倒：「不會吧，難道真遇到高人了？」

又過了一段時間，甄允浩也有點想上廁所。但是環顧一下，這個池塘兩邊都有圍牆，想到對面的廁所必須繞一個大圈子才能過去。可是甄允浩又不願請教兩位院長，憋了半天，他心存僥倖的想：「自己一個博士，怎麼能比不過兩個大學生，他們能過，我肯定也能。」想到這裡，他起身就往水中跨，只聽「噗通」一聲，他就栽進了水塘裡。

兩位院長聞聲趕緊跑過來，把甄允浩從池塘中拉了出來，問他為什麼要下水呢？他反問道：「為什麼你們可以過去，而我卻掉進了水裡？」

兩位院長相視一笑，王副院長說：「這池塘裡是有兩排木樁子的，但是因為下雨水位漲了，雨水剛好淹沒過了木樁。因為我們常來，所以很清楚木樁的具體位置，所以可以踩著木樁到達對面。你不了解情況，怎麼也不問一聲，就往水中跳呀？」之後就是一陣笑聲。

這個簡單而又可笑的故事，也許會遭到懷疑。是呀，怎麼會有這麼愚蠢的人呢，簡直驕傲自大到了極點。也許這個故事確實有些不太實際的因素在裡面，但是生活中這樣的人並不是沒有，他們為了保持自己的高姿態，卻成了別人眼中的笑料。

人與人從本質上來說是沒有多大區別的。有句俗語是這樣說的：「光滑的瓷器來自泥土，一旦破碎就歸於泥土。」這不正是在向大家說明一個簡單的道理嗎？再高的學歷只能證明過去，而較強的學習能力才能證明未來。

尊重那些有經驗的人，才不會走太多的彎路。一個優秀的團隊，也應該是積極學習型的團隊。初到新的環境，要學會尊重別人且虛心求教。一切事物對你來說也許都是陌生的，無論你有多強的適應能力，都要有一種從零做起的心態。不擺架子，尊重同事。無論年紀大小，只要比你先進公司，都是你的老師，這樣才能取得一定的成績。

保持生命的低姿態，不僅能讓自己學到更多的東西，發現他人更多的優點；也能鍛煉自己不斷的嘗試新事物，獲得更多的機會；更重要的是，在發揮自我能力的同時還能在一定的程度上保全自己。

高調放眼，高效做事

用長遠的目光看待事物，用最快的速度完成任務。在如今這樣一個快速發展的資訊時代，努力工作的含義已經不僅僅拘泥於踏踏實實，埋頭苦幹。資訊時代裡，需要的將是一大批能夠看得遠，而辦事能力又強的年輕人，只有跟得上時代步伐的人才能成為社會的主人。

有個小村莊，居住在這裡的人，他們的生活用水除了雨水之外，根本沒有其他的來源。為了解決這個長期影響人們生活的棘手問題，村長召集所有的村民商量。最後大家一致決定在外尋找水源，他們希望每天都能有人為他們送水。但是這個工作任務非常艱巨，幾乎沒人願意接受這個事情。

過了很長時間，終於有兩個人出現了，艾倫和喬斯。他們主動站出來接受了這項艱巨的任務。村長為了給他們一個合理的報酬，還專門起草了一份送水協議，他們兩位無論是誰每天都要保證大家正常的生活用水，只要能做到這一點，就會得到相應的獎賞。

後來老村長把協議同時遞給這兩個人。喬斯看到協議之後，馬上行動了起來，他每天往返於十里之外的湖泊與村莊，用他僅有的兩隻水桶從湖裡打水再運回村莊，再把運來的水倒進村民們所修建的那個很大的蓄水池中。

喬斯每天都會很早起床，為的是能夠在別人起來之後有乾淨的水用。因為喬斯的勤勞，他很快就賺到了錢。儘管這項工作相當的辛苦，但是喬斯卻做得非常開心快樂。因為他可以不斷的賺錢，有了錢，它就可以買到自己想擁有的東西。

當初那個和喬斯一起承擔找水任務的艾倫，從他看過老村長給出的送水協議之後，竟然在人們的眼前消失得無影無蹤。幾個月以來，大家誰也沒看見過他。對於艾倫失蹤，大家議論紛紛，當然對喬斯來說，這簡直是讓他興奮不已的事情。沒有人和他競爭了，這樣的話，他就可以賺到很多的錢。

艾倫究竟幹什麼去了呢？有人說他是被嚇跑了，有人說他失蹤了等等，什麼樣的說法都有。恰恰相反，就在喬斯日夜不停的為村民挑水的時候，艾倫卻在運作他的計劃。他用了近半個月的時間，做了一份非常詳細的商業計劃書，憑藉這份完美的計劃找到了四位投資者，並與他們一起經營運作了一家公司。

半年後，艾倫帶著施工隊回到了村莊。用了幾乎一年的時間，為那個小村莊建好了一條長長的管道，那是一條從村莊裡面通往湖泊的大容量水管。就這樣，那個村莊每家每戶都用上了自來水。

「既然自己的村莊可以靠這種方法得到水，那麼其他和自己村子有著相同困境的村子同樣也需要解決供水難題。」後來，艾倫重新制定了一套自己的給水計劃，開始向全國甚至全世界的小村莊送水。不斷的向別人推廣自己的那種大容量、低成本並且又很衛生的送水系統。

艾倫不但開發了村莊與城鎮的水流循環管道系統，而且還為自己找到了更大的商機，把更多的錢裝進了自己的腰包。從此以後，艾倫幸福的生活著，而喬斯卻因為艾倫的送水設置而丟掉了原來的工作，再加上因為之前挑水的過度勞累，給他的身體造成了很大的傷害。

多少年過去了，但是喬斯與艾倫的故事一直被人們深深的記著。每當人們站在抉擇的十字路口，總會多想想多看看，也會多問自己一下：「現在的自己究竟是在挑擔送水還是在修管道運水呢？」、「我是低效的拚命送水還是在高效的用管道輸水呢？」

放眼長遠、高效做事並不是單純的投機取巧或者愚昧的偷奸耍滑。而是運用最智慧的一面掌握機遇、充實人生。高效做事不僅能提高自己的生活水準，同時也能使別人的生活達到最高的品質。

揚名可以，但別爭名

做人應該多一分淡定，少一分計較。不要太過追求名譽或是地位。如果自己在事業上確實有了一定的成就或者建樹，現有的成績也確實得到了更多人的肯定與認可，這一點是值得表揚的。但是千萬不能因為自己有了一點點成績就驕傲自大，不僅到處宣揚，還拿別人的成績往自己身上貼，這就需要好好的自我反省了。

低調做人，就是需要在言行上好好掌握分寸的。事業成功，但不能表現得傲氣十足，總是以成功者的形象自居，到處擺架子，想怎樣就怎樣，只圖自己痛快，不顧別人感受，這樣下去的結果只能是傷人又害己。

周朝時，有一名屢立大功的將軍賀敦。每當他立下大功的時候，朝廷都會賞給他一些東西，不管是金銀珠寶還是綾羅綢緞。但是賀敦幾乎每次都會認為朝廷對他的賞賜不公而心懷怨氣，有時候還會口出惡言。一次就因為自己沒能控制住自己的怨氣遭到權臣宇文護逼令自殺。在賀敦臨死的時候，他叫來自己的兒子賀若弼，對他說：「我因口舌而死，你不能不記住！」隨後還用錐子將賀若弼的舌頭刺出鮮血，想以此來告誡這個年輕氣盛的兒子，希望他以後能夠慎言。

父親的去世，讓賀若弼很是痛心。剛開始的時候他還能記住父親曾經的教誨。經常用「君不密則失臣，臣不密則失身」的警句提醒自己，告訴自己，遇到事情一定要三緘其口。

後來，賀若弼也為朝廷出了力，在當時的隋朝可以算是功臣了。隨著他在隋朝的功勞日大，地位日高，這時候的賀若弼就把父親的告誡拋到了九霄雲外了。這也許也恰恰印證了「有其父必有其子」的事實。賀若弼和他的父親一樣，因為對朝廷封官的極度不滿而大發牢騷，最後也被免去了官職。自從被罷官之後，他不但不記取這次的經驗教訓，反而生出更多的怨言，有時候破口而出的惡言更多，於是也和他父親一樣被捕入獄了。

隋文帝在激怒中斥責賀若弼：「我用高熲、楊素為宰相，你在私下散布說這兩個人只配吃乾飯，這是什麼意思？」後來有人因此奏請文帝將賀若弼處死，但是文帝因他從前也是立功之人便赦免了他的死罪。

後來隋文帝在賀若弼的面前語重心長的對他說：「你很有將才之相。但是你卻因為具備三大猛才害了自己：嫉妒心太猛；自以為是、看不起別人的心太猛；目無君上的心太猛。隋文帝這樣評價賀若弼不是沒有道理的。一直以來都是同僚有功他嫉妒，同僚升遷他不滿意。

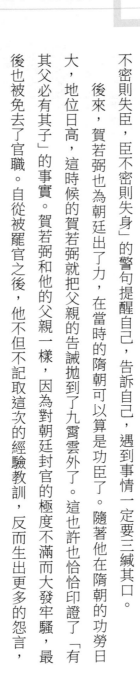

一次，皇太子楊廣同賀若弼商談朝中大事，便問他：「楊素、韓擒虎、史萬歲三人都是難得的良將，那麼他們的優劣究竟何在？」

賀若弼竟然毫無顧忌的稟報太子：「楊素是員猛將，但沒有謀略；韓擒虎是員戰將，但不會帶兵；史萬歲是員騎將，但別的本事很平常。」太子很是好奇的問：「那麼，朝中誰才能稱得上為大將呢？」這時的賀若弼深深一拜說：「這就要看殿下您的眼光了。」不言而喻，很明顯的是賀若弼自認為比別人都高明。

賀若弼目中無人，貶低所有人的這種清高，既得罪了不少的同僚，還引起了皇太子的懷疑。後來楊廣做了隋煬帝，也開始漸漸疏遠了與他的關係。有一年，他隨從隋煬帝出巡北方，在榆林，好大喜功的煬帝設置了一個可坐千人的大帳，來招待少數民族首領。這事其實和賀若弼毫無關係，他又在私下裡評頭評足，亂發議論，說皇帝太奢侈。這事被人告發，他被處以死刑，重蹈了父親的覆轍。

相信每個人都知道「病從口入，禍從口出」的道理。常常就是因為一句不負責任的話，一個不符合事實的評價，導致了很悲慘的結局。一個玩笑有時候足以要一個人的命。這絕對不是危言聳聽。

語言有時候就是一把雙刃劍，說好了，可以溫暖別人，成就一個人；說不好就是一把要命的尖刀，直直的刺入人的心裡，毀掉這個人的一生。做人做事一定要掌握分寸，給對方留下足夠的面子。這樣做的好處是既不會傷害別人，也不會給自己帶來糟糕的結果。在與人正常的交往中，要適可而止。需要時刻警惕禍從口出，在兩個人的交談中，盡量避開談論與事無關的品頭論足，牽扯的任何事越少越好，否則就很有可能引來不必要的麻煩。

沒有人能做到「誰人背後無人說，哪個人前不說人。」的境界。在所有的談人論事中，千萬要記得「口下留情」，這是非常重要的經驗總結。在與人的交往中，或者在自己做事的過程中，盡可能的不去嘲笑對方的偶爾失態，不批評對方的一時失誤。要常常審視自己。在別人尷尬的時候，盡自己最大的能力為別人尋找合適的臺階下，這才是真正的君子風度。久而久之，一定會有更多的人願意同你合作，因為在他們的心中你不但是一個心胸豁達、做事光明磊落的人，而且從不會過度的顯擺自己的名譽和地位，如此一來你便獲得了良好的群眾基礎，那麼後面的路也必定越走越寬廣。

別太高估自己，也別太低估他人

無論是在職場，抑或是在商界，只要存在競爭，就一定會有對手。只要存在對手，就一定需要正確的應對，好好的處理自己與對手的競爭關係。如果能始終堅持利人利己的共贏思維，相信一定可以將市場做大、做強。良性的競爭不是「殺敵一千，自傷八百」的賭氣，也不是「高估自己，低看別人」的銳氣，而是雙方需要獲得「共贏」的和氣。

商界所指的競爭對手其實就是那些正在或者企圖要從對方的手裡搶走生意的人。一些商品推銷者甚至把與他們從事同樣的工作的人視為對手，看作敵人，他們期盼能將所有的對手通通打倒。其實，他們根本不知道競爭對手對於他們的推銷工作來說，不但不會產生任何消極的作用，反而可以不斷促進他們業績的成長，而且其他的同行還可以成為他們最好的工作夥伴。正是因為這些競爭對手的存在，才會不斷的激發自己積極爭取的動力。從某種意義上來講，沒有對手就沒有英雄。

對所有競爭對手的尊重其實彰顯的不僅僅是這個企業領導人的風度，同時展現給大家的也是企業自身的最大優勢。曾經聽過這樣一件事情，這是在食品金屬檢測機工廠工作的銷售人員李純元所講述的真實發生在他身邊的故事。

李純元，一個食品金屬檢測機生產廠的直接銷售代理人。一次，他與幾個同事經過長期的聯繫、洽談，終於成功的與當地一家食品廠達成購買協議。其實，當時這筆生意的促成關鍵點在於李純元所在公司的競爭對手，也就是另外一家和李純元他們生產同種檢測機的公司，如果不是當時他們的惡意詆毀，也許客戶還不能那麼快選擇李純元他們公司的產品。

李純元和其他幾位同事一起接待了食品廠派來的三個考察員。那天，到廠的三個考察員對李純元他們廠的食品金屬檢測機進行了嚴格的考察。因為他們公司向來非常注重產品的細節與品質，自然也就贏得了不少的客源。

那三位考察員看完李純元他們廠的產品之後，除了價格方面覺得有點高之外，其他方面一律認可，也覺得非常滿意。但是在後來的商定售價方面，出現了一些問題。因為客戶給出的價格低於公司的最低預售額之下。最後，因為雙方無法達成共識，所以，客戶表示回去考慮一下再做決定。送走這批客戶之後，李純元一直忐忑於剛才的報價。甚至有些後悔：如果當時把價格再稍微降低一些，也許，還能留住這個客戶。

誰知就在快下班的時候，李純元竟然接到了客戶的來電，同意購買他們的食品檢測機。只是讓李純元感到意外的是：改變客戶主意的竟然是他們的競爭對手。因為這幾位客戶在另外一家工廠裡進行考察時，那位老闆居然詆毀李純元廠裡的產品非常糟糕。正是因為聽到這樣的話語，才讓這個客戶改變了初衷。

很多時候，轉機的到來就是這樣的讓人無法預料。明明看著即將屬於自己的成果，卻突然間進了別人的口袋。真正的原因不在於別人使出了什麼樣的招式，也不在於別人更多的做了些什麼，只是他們在競爭中選擇了更好的態度。他們沒有進行任何的詆毀或誹謗。他們在做事的時候從來不會過高的評價自己，更不會過低的輕視別人。

「小聰明」只能得一時，大聰明才能得一世

人生在世「難得糊塗」，可以說這是做人的最高境界。一般情況下，很難有人能做到這一點。做人本不應太過精明，因為太精明的人總會活得很累。有些人因為得意於自己的一點「小聰明」從而耽誤了自己的終生；有些人卻因為自己的「大糊塗」成就了自己。所以說，聰明與糊塗有時候並不像我們表面上看到的那樣。

當我們處理問題時，應該根據事態發展的程度以及狀況的變化適時的調整自己的心理狀態，該糊塗時就糊塗，該聰明時就聰明。「呂端大事不糊塗」的典故說的就是呂端在一些小事面前裝糊塗，但在關鍵時刻，卻又能夠表現出過人的智謀。在古代，像呂端這樣大智若愚的人的確有很多。

宋代時，太宗讓時任參知政事的呂端和寇準輪流掌管相府裡的大事，這樣他們倆就可以平起平坐。但是呂端卻主動要求將自己的名號排在寇準的後面。在處理政事的時候，他既不會營私舞弊，也不會以各種名目進行一些「小動作」，更不會為了私利而大開後門。呂端每天看上去都是一副樂呵呵的樣子。正因為這樣，許多人都在背地裡對他議論紛紛，都說：「呂端糊塗。」

後來宋太宗想拜呂端為相，消息一經傳出，眾人譁然，而且還有很多朝廷命官對太宗說：

「像呂端這樣的糊塗蟲又怎能擔當宰相這樣的重任呢？」太宗說：「呂端小事糊塗，大事不糊塗。」

待呂端拜相之後不久，叛將李繼遷時常去騷擾西北邊境，後來大宋的官兵抓到了李繼遷的母親。這時太宗與寇準祕密商議，決定將李繼遷的母親放在北門之外示眾斬首，以警告叛逆者與大宋對抗的下場。

呂端知道這件事情後立即進見太宗，語重心長的對他說：「若是斬了李繼遷的母親，卻依然捉不到他的話，那麼就會更加堅定李繼遷的叛心。倒不如先把他的母親好生養著，這樣一來，我們就掌握了主動權。」太宗聽完呂端的一席話，猛的拍了一下自己的大腿說道：「要不是你的及時勸阻，我險些釀成了無可挽回的錯誤。」後來事情的發展正如呂端預料的那樣，李繼遷再也不敢過分擾亂西北邊境，肆意妄為。

呂端的故事想要告訴大家的就是，做事，一定要審時度勢，看準時機，該聰明的時候一定要學著聰明點，辦漂亮的事；該糊塗的時候，也一定不能耍自己的小聰明。在大事面前，一定要保持清醒的頭腦，否則一旦犯了糊塗就會帶來無法彌補的損失。

現在人們在教育孩子這方面，一味的強調要讓孩子聰明、機智的與人交往；希望他們能夠培養自我的競爭力。幾乎很少有人會讓自己的孩子學會退讓，不要和其他人過分計較。因為他們擔心自己的孩子過於軟弱，會遭到別人的欺負。其實這些想法都存在一定的誤解，每個人的聰明與笨拙並不顯示在他們做事情的表面之上，而是需要根據實際情況具體分析。

東漢時期，名醫楊震極力推薦王密做了當時昌邑縣的縣令。因為楊震的推薦，王密非常感激楊震，同時也希望在將來的仕途中能夠繼續得到楊震的提拔。之後，王密曾多次攜帶厚禮賄賂楊震，但都遭其拒絕。

一天傍晚，王密捧著十餘斤的黃金前去拜見楊震。楊震見此，冷冷的對王密說：「我知道你是個怎樣的人，所以我推薦了你，可是你卻不清楚我的為人。」這時王密小聲的說：「您快別說這些了。我給您送薄禮只是想表達一下自己的感謝之意，沒有別的意思，希望您能笑納。現在是半夜時分，不會有人看見的。」

這時只見楊震一臉的不悅，他說：「這件事雖然沒有別人看見，但是天知，地知，你知，我也知，難道你還能說沒人知道嗎？什麼事情若想人不知，除非己莫為。做人講究的是坦誠、正直、清白，這才是聰明人的做法。」王密聽後，羞愧極了，只好拎著拿來的東西悻悻離開。

後來，楊震繼續做了幾年的太守。官場上，他始終是兩袖清風。就連自家吃的蔬菜，幾乎都是自己種的。外出從不坐公家的轎子。有一故交曾勸說過他：「就算不為自己，為了兒孫後代，您也多少置辦點家產呀。」可是清廉的楊震卻笑著回答：「讓我的後代做個清白官吏的子孫，難道這份遺產還不夠闊氣嗎？」

也許會有人覺得楊震有些傻，放著良田、美酒不享用，有著華服不穿戴，更多的想到的是一些空虛的名譽，簡直一點都不是聰明的典範。其實這些人只是看到了物質上的東西，根本就不懂什麼才是做人的價值。像楊震這樣的抉擇才是真正的聰明。他不會因為自我貪婪，喪失自己的名譽甚至生命，這才是真正的大智慧。

鋒芒不露的聰明人一直很注重自我內心的反省與思考，他們善於出謀劃策，做起事來也是兼顧各方各面，行事細密周全，使事情總是在安靜中順利完成，他們從不炫耀自己的聰明，但他們卻得到了很高的讚譽，也取得了很大的成就。另外還有一部分人，他們做事雷聲大雨點小，喜歡渲染聲勢，盡可能的將自己的才華與智慧顯示給別人，他們積極運用眼前的一切有利條件，極盡所能獲取自己所能得到的任何東西，但是，最後他們卻身陷囹圄，寂寞度日。

種什麼樣的因，就會結什麼樣的果。做人一定要用長遠的目光看待事情的發展，千萬不能拿自己的小聰明對待大事情，更不能用「大糊塗」處理小問題。

第七章　懂得包容，學會理解

寬容是一種良好的品格，學會寬容是一種清高透徹的處世美德，能夠寬容是一種虛懷若谷的度量。寬容別人，就是給予最好的精神安慰與美好的期望；得到寬容，就是獲得了幸福之源和自我重生的希望。

寬容是一種溫暖的待人藝術，它包容了人世間的喜、怒、哀、樂，讓人生步入了新的高度。懂得包容，就是與人為善，與己為善。寬容的體諒他人，對待自己，就足以獲取到輕鬆自在的人生。遠離仇恨，放下仇恨，用一顆寬容的心去包容、擁抱一切，這才是和諧與共存永恆的主題。

給別人留餘地，就是給自己留餘地

在眾多的藝術技巧中，其中有一種叫做「留白」。什麼是「留白」呢？簡單而言，就是留給藝術欣賞者以想像的空間。讓所有的欣賞者在欣賞藝術的時候，可以完全將自己的心情融入到一件藝術品中，獨自徜徉於藝術所營造的空靈中，讓煩人的塵事漸行漸遠。此外，它也是一種生命的藝術。

人生在世，忙忙碌碌，人生的藝術也需留白。不僅是給自己，同時也需要留給別人。世間的事物總是紛繁多變，很多時候，因為外物的影響，加之自我主觀的多變，人多少都會犯一些錯誤，這是不可避免的事情。

當我們面對那些曾經傷害過我們的人時，為何不給他們多留一分餘地，好讓他們全身而退，找到自己的歸處。不要以怨報怨，這樣做的後果只能是可怕的惡性循環。試想一下：如果我們做了傷害別人的事情，內心的懺悔與自責可能會使自己陷入罪惡的泥潭，如果這個時候能夠得到對方真心的原諒，將會是多麼幸福的事情。

我們可以經常運用換位思考的方式，站在別人的立場想想。其實在給別人留有退路的同時，也是在為自己尋找後路。這樣不但會很快的消除兩者之間的矛盾，甚至還可以在別人心中留下更好的印象，即使自己以後犯了什麼錯誤，也一定可以得到別人的諒解。

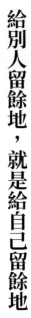

一次，英國的一個露天廣場舉行了盛大的公開演說，當時的英國首相威爾遜也參加了這次的活動。演說當天，廣場上聚集了很多人，熙熙攘攘。當威爾遜在演講臺上正進行精彩的演講時，突然從臺下拋出來一個雞蛋，正好打在了首相威爾遜的臉上。

這時，負責治安巡邏的安全人員馬上跳下講臺，在人群中搜尋前來鬧事的人。推測雞蛋拋上來的方位後，安全員找到了那個扔雞蛋的人，居然是個小孩。當威爾遜得知此事之後，暗示安全人員放走小孩，但是又很快的叫住了小孩，並讓自己的助手用筆記錄下了小孩的姓名、聯繫方式以及家庭住址。

這時，演講臺前的聽眾開始有些騷動，他們議論紛紛：「唉，威爾遜到時候肯定會懲罰這個可憐的孩子。」這時，臺上的威爾遜抓住時機開口說話了：「我的人生哲學是要在對方的錯誤中，去發現我的責任。剛才那個用雞蛋打我的小朋友，這種行為是非常不禮貌的。儘管他的行為不對，但是作為一國首相的我，完全有責任為他的行為負責。剛才的那位小朋友能從下面那麼遠的地方，準確的將雞蛋扔過來，這足以說明他是一個非常優秀的人，所以我才會將他的名字以及聯繫方式記錄下來，便於之後讓我們的體育機構用心培養他，也許將來他能成為國家級的棒球選手，為國爭光呢。」威爾遜謙和的話，把所有在場的聽眾都給逗樂了，接下來他的演說就顯得更具親和力了，而且每一個在場的人都很認真的在聽他演講。

用一顆寬容的心去對待身邊的每一個人，熟悉的，乃至陌生的。因為寬容會把所有的不愉快都溶化掉。也許因為忙碌，我們已經記不得要為自己的心靈留下空白；也許太過世俗，所以我們與人之間存在更多的計較與爭執，那麼，這樣的人生還有什麼幸福可言呢？

生活的忙碌，讓更多的人失去了自我。來自各方面的壓力讓我們變得不堪重負，人與人之間的交流少了，為什麼不去試著用一顆寬容的心接受對方，為別人也為自己留有足夠的空間呢？

對於別人，我們完全可以摘掉虛偽，卸下心靈的重擔，少一些苛責，多幾分理解。對於自己，我們也應該少一點投機取巧，多幾分寬容、豁達，那麼，我們的心靈也就多了幾分寬鬆的舒適地，也只有這樣，我們才可能擁有清風明月般的胸懷。

與人分享，互惠互利

最完美的搭檔組合是雙方之間相互的默契、認可和接納。如果在他們共同的行為方式上能夠做到互惠互利，共同分享，就達到了共贏的效果。無論什麼時候，無論身處何方，只要有團隊合作，其中的每個人都應該堅守一個最終的目標，心存唯一的原則：分享與共贏。只有融入團體，才能不斷促進個人的發展，團體的進步。

品學兼優的蘇忠毅，在上學期間，可以說是老師眼中的模範生，家長心中的乖孩子，同學眼中的第一名。忠毅就這樣在周圍眾多光環的圍繞下逐漸變得自大、孤傲，還有一點點的囂張氣焰。

很快，忠毅大學畢業後進入了職場。這時候的忠毅依舊還像當年那樣驕傲。和他一起畢業，又同時進入一家公司的還有優秀的同事李哲。因為同是新人，所以，公司決定把兩人分到一個小組，由公司的另外一個老員工文謹負責帶領他們熟悉業務。

年輕人的適應能力和學習能力就是強，再加上他們兩個人的認真與踏實，很快，他們就進入到了實務的工作狀態中。只是在工作配合這塊，忠毅總是不願意與別人合作，他認為自己能力很強，不需要任何人幫他出謀劃策，有什麼成果也是他自己的，他不願意與人同分一碗羹，這就是他的做人理念。所以，一直以來，他都是獨來獨往，一個人面對工作中的所有問題。

而李哲與忠毅完全相反，很多時候，他都會參與到別人的工作中，不但從別人的工作中學到了很多，還會把自己遇到的難題拿出來和大家一起商量，這樣，本來用一種方法可以解決的事情，在大家的共同商討中，居然可以找到很多種解答，不但豐富了自己的閱歷，也給其他同事創造了不少學習的機會，其他同事也在李哲的影響下取得了很好的業績。

雖然，每次分配給忠毅與李哲的工作任務差不多，他們也都完成得非常的優秀。但是到了每年末的年終評優活動中，李哲總能拿到更多的獎勵，而忠毅只是拿到屬於自己工作所得的那份報酬。之後，李哲還會被其他部門的同事邀請參加一些團體活動，而忠毅只能自己安排自己的個人活動。

由此可見，每個人都應該試著接受別人，學會與人分享。一個自私自利的人永遠不會得到別人的認可，那些生怕自己的利益受損，害怕別人給自己帶來麻煩的人，永遠也體會不到與人分享的喜悅與滿足。

真誠的與人相處，友善的融入團隊，不僅可以感受到集體的力量，更能夠充分展示自己的能力，得到來自更多方面的支持與鼓勵，這樣的話會更有助於自我士氣的提高。團隊的力量是無窮的，眾志成城的精神絕對勝過單打獨鬥的英雄。自以為是、一意孤行、自傲自大、目中無人的人在這個提倡「團隊精神」的職業社會中是完全不會被接納的。

一家成功企業的老闆總是督促他的員工：「如果你暫時沒事可做，可以試著去幫助那些需要幫助的同事。」一支優秀的團隊，必定存在著一批優秀的員工。他們遵從的是「互惠互利，與人分享」的準則。在他們的心中，每一個團隊就是一個溫暖的大家庭，團隊中的每一個成員就是自己的兄弟姐妹，他們誰有困難，自己一定會傾其所有的去幫助他們。那麼當自己處在困境中的時候，相信他們也不會有任何的推辭。

一些缺乏互助思想的團隊，帶領出來的成員一定最多關注的是「我自己」，而不是「我們大家」，在利益或者權利面前，他們寧可犧牲他人甚至是集體，也一定要保全自己，實現小小的目標。對於團隊中的其他人，沒有關心，沒有幫助，更不會分享。

「互惠互利，共同分享」不單純是作為團隊發展的口號，它更是一種情感的注入。團隊成員，或者一起共事的朋友，為了同一個目標，彼此信任，相互支持，將自己的所有感情都投資到了一起，所以沒有理由不去與人分享，更沒有理由自我享受。遇到問題，拿出來，大家一起面對，一起解決。

團隊中的每一個成員都是有著千絲萬縷聯繫的個體，大家一起努力，一起奮鬥，促成了團隊進步，團隊成員之間的有效合作造就了團隊的成長。一旦出現任何不和諧的地方，一定要儘早將其消滅在萌芽狀態。

善於肯定他人，結果必定雙贏

一般情況下，能夠受到公司內許多人歡迎的人大多都是那些善於肯定、認可別人的人。肯定與認可對於一個真正做事的人來說，比什麼都重要。工作所經歷的艱辛，只有那個默默付出的人心中最明白。

得不到肯定，內心便沒有了依靠；得不到認可，一切的努力等於徒勞。人人都希望自己的付出能有所回報，儘管沒有豐厚的回報，儘管一切都顯得那麼微不足道，但是他們只需要一個肯定的微笑。

對於別人辛苦的功勞，一定要及時的給予回報，哪怕沒有更多的酬勞，最起碼的肯定就是最滿意的捷報。

在我們的日常生活中，主動讚美別人，好像顯得非常不合適。也很少有人去讚美別人，肯定他們所做的一切事情。讓我們一起回想看看，自己最近的一次讚美給了誰？在哪裡？什麼時候？可能有很多人都不記得自己最近曾對誰說過一些讚美或是肯定之類的話語。如果不記得，那麼趕緊讓自己有所改變，盡可能的多去誇獎、肯定他人。

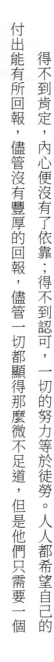

周倩，某貿易公司的執行總監，她可是公司裡響噹噹的人物。上到高層董事，下到基層員工，幾乎所有的人都喜歡她。她的受歡迎度完全來自於她對別人的鼓勵與讚美。周倩是一個很細心的人，而且她也非常善於觀察發現別人的長處。

一次，公司的年度會議上，小職員張叔平做了一份年度報告。從內容上看，他的報告平平淡淡，也沒有什麼新穎的地方，報告做完之後，現場眾多的人群只響起了稀稀落落的掌聲。對於張叔平來說，這無疑是個打擊，他的心裡嚴重受挫。會議結束後，周倩找到了張叔平。看到張叔平沮喪的表情，周倩微笑著對他說：「你已經很了不起了，把自己一年的工作總結寫得如此簡明扼要，實在不容易。而且還有足夠的勇氣上臺與大家一起交流分享，這點我想都沒想過。我真的非常欣賞你！」

張叔平聽完周倩的話，心中頓時有股暖意。他原本以為自己的報告做得很糟糕，沒想到還會有人佩服自己。後來，張叔平一直都非常感激周倩對他的鼓勵，他的心情逐漸得到了平復。而且，在後來的工作中張叔平還不時的幫助周倩做一些自己比較擅長的工作。

公司裡幾乎每個認識周倩的人，都會在很短的時間內與她建立友好的關係。因為她會不斷的肯定別人的工作成果，並對他們表示出一定的欣賞，正是這一點，不但讓別人感受到了自我價值的存在，同時也讓自己收獲了更多的友誼與幫助。

也許周倩對身邊的同事或者朋友說的那些鼓勵的話，有的是出自內心真正的欣賞，有的只是客氣的安慰，但是有一點是絕對可以肯定的，那就是每個人聽完周倩的話，都會變得開心快樂起來。他們會立即從最初的鬱悶中解脫出來。所以，這點足以說明對別人適時的肯定，自己也可以收獲幸福這個道理。

百老匯的一位的喜劇演員曾經說過：「即使自己能在一個星期賺上十萬美元，這種生活也如同下地獄一般。」說這話的原因是他做了一個很奇怪的夢：他在一個幾乎是座無虛席的大劇院給成千上萬的觀眾賣力的表演，可是當謝幕的音樂響起之後，全場竟然沒有一個人給自己掌聲。」

實際上，不只是舞臺上的演員需要觀眾的鼓掌。生活中的我們同樣需要來自各方的掌聲。如果沒有掌聲，代表我們的所作所為都是空的、沒有價值的，長此以往，我們很有可能失去信心，得不到別人的肯定與讚揚，我們就如同虛浮的軀殼在世間飄蕩。其實人們所需要的，只不過是一點作為人所應享有的讚美而已。

人生在世短短幾十年，如果連簡單的一個讚美都學不會、做不到的話，那麼這一生算是有些遺憾甚至可以算得上是失敗。不奢望自己能有多大的能耐，也不渴求自己擁有什麼榮華富貴，只要能為別人的心間留點溫暖，即使是片「綠葉」，也足以讓人心存感念。

善待他人，善待自己

人活一輩子，不知道要經歷多少困苦與磨難。在坎坷的一生中，一點一點的磨掉自己當初的滿身銳氣，最初的夢想也可能會被現實的生活一點點擊碎。很多人走著走著，也就忘記了曾經的自己。

在時間的滌蕩中，人開始慢慢的與原來的自己越走越遠，從而，變得越來越陌生。往往也

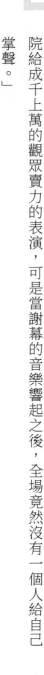

會在現實的境遇中變得麻木，變得無理。所以，無論什麼時候都應該讓自己變得更加善良，盡可能的去說服自己，更要善待他人。

或許某個時候自己的畢恭畢敬、小心翼翼，換來的是別人的冷言惡語。那麼如果現在的自己站在了當時傷害過我們的那個人的地位上，我們也不能放縱自己去重蹈傷害別人的覆轍。我們需要時刻警戒自己：在善待自己的時候，也一定要學會善待別人。

人與人之間，有兩種關係必須處理妥當。一種是自己與自己的關係，而另外一種則是自己與別人的關係。如何恰當的面對這兩種關係？那就是愛他人應該適當一點，愛自己要更理智一些，凡事都得講究一個度。

想要善待自己，首先就應該認識自己、了解自己、接受自己，知道自我價值的存在，並且能夠做出更好的客觀評價。善待自己的人不會對自己提出苛刻的條件，不會過多的幻想難以實現的東西，得意時不大喜，失意時不大悲。凡事都以長遠的目光看待，凡事都從大處著手。他們信心滿滿，從不計較得失，不在乎功名成就，他們只記得曾經擁有。

每個人除了好好的對待自己之外，還應該盡可能的去善待他人。善待他人不是單純的對別人好，善待需要有一定的胸懷，需要更多的理解、支持、鼓勵、關心、原諒、包容等等。

希爾頓是世界上著名的希爾頓酒店的創始人。他是一位胸懷寬廣的人。一般員工犯了小小的錯誤，他都能非常寬容的原諒。一次，酒店裡的一位小接待員傑克因為弄混了客人的行李箱，結果導致入住酒店的客人耽誤了飛機，生意沒談成，給那位客人造成了巨額損失。

損失巨大的客人要求酒店給予自己一定的經濟賠償，鑒於是自己員工失誤給客人造成的損失，酒店裡也很積極的配合相關部門為客人找到了行李箱，同時也給予了一定的經濟補償。後來，希爾頓找到了傑克，並把他單獨帶到自己的辦公室。去辦公室的途中傑克一直忐忑不安。他害怕極了，心想：正是因為自己的疏忽，才給酒店造成了這麼大的損失，還嚴重影響了酒店的名譽，這下自己肯定完了。工作不但保不住，說不定自己還得承擔一部分賠償。

沒想到，傑克跟著希爾頓進入辦公室之後，希爾頓先安慰了傑克一番：「當年我在工作中也犯過同樣的錯誤。確實沒有不犯錯的人，只是程度有輕有重而已。這次也算是買個教訓，以後做事就不能再這樣馬虎了。」然後還客觀的幫助傑克分析了導致這次失誤的直接原因。

善意的對待別人、幫助別人才能處理好人與人之間的關係。環顧四周，看看身邊那些取得成功的人，大多數都是慷慨付出、不求回報的人。對於那些與自己一起合作的夥伴，他們從不自私、不吝嗇、更不會斤斤計較。他們更寬容，更懂得善待他人。就像孟子說過的一樣：「君子莫大乎與人為善。」

世界本來就是「你中有我，我中有你」的一個整體。人與人的關係也就如同唇齒相依的關係。對別人寬容實則也是在寬容自己；對別人刻薄其實也是在虐待自己。那麼我們又為何不對別人多一份理解，多一份包容。在善待別人的同時其實就是在支持、幫助自己。就像那句俗語說的那樣：「授人玫瑰，手有餘香」。

善待他人，學著寬容。應該具備「海納百川，有容乃大」的胸懷。寬容會使我們的周圍多出一份陽光的明媚，少了一絲陰暗的色調。「水至清則無魚，人至察則無徒」，凡事都不要過分強調十全十美。

無論什麼時候，與誰在一起都不要過分表現自己，讓別人覺得自己有多麼偉大，有多麼的厲害，因為自我的炫耀有可能會傷害到別人，這也是與人交往最為忌諱的事情。即使自己確實占有一定的優勢，也千萬不要去嘲笑別人或者瞧不起別人。因為真正的智者懂得處世的最高境界乃是寬容。

寬容者豁達、大度、積極、樂觀。他們不但會善待自己更會善待他人。他們能夠換位思考，推己及人。善待他人，就要盡自己最大的能力去體會別人的難處。

先付出我們的關懷，和批評你的人交朋友

面對傷害自己的人，不同的人也許會有不同的反應。有些人也許會一笑泯恩仇，有些人可

能會「以其人之道還治其人之身」。當然傷害的程度不同，反應的程度也會各有差異。有的人因為別人批評了自己，受到激勵自己才取得了成績，所以他們感恩。感謝那些讓自己成長進步的人。有的人因為得到了別人的批評，所以他們怨恨、咒罵那些委屈自己，不理解自己的人。

如果我們將別人對我們的批評看作是種激勵的話，那麼我們就完全可以以德報怨，這樣不但可以讓我們自己獲得內心的安寧，而且也可能是對那個心懷叵測，想要加害於我們的人最有力的回擊。就像佛家說的那樣：「以德報怨，能使你經常處於一種寧靜泰然的心境之中。」

人性的美麗與智慧也許就集結在了「以德報怨，以善待惡」之上。大仁與大義的厚德承載了更多的不公與不平。寬容別人就是一種大的智慧，冤冤相報何時了。只有以德報怨，以德報德，才能讓這個社會變得更美好，更和諧。

在人與人的交往中，產生矛盾與摩擦是再正常也不過的事情，所以，我們根本沒有必要凡事計較。若是一直沉溺在計較的生活裡，那麼，苦惱就會時常陪伴左右。生活也不會出現太多的幸福與快樂。所以，試著將我們的心態調整到最好，努力的說服自己去寬恕別人。千萬不能用別人的錯誤來折磨自己。

有人也許對於我們所做的某些事情做出了負面的評論，簡而言之：就是我們的行為遭到了別人的否定和批評。但是我們根本不知道自己究竟錯在哪裡，找不出有什麼不對的地方，在我們還沒有意識到或者根本不存在別人所說的錯誤時，我們完全可以瀟脫一點，大度一些。

戰國時期，楚國和梁國緊緊相連，而且，在這兩個國家緊鄰的地方都各自設有邊亭。為了不浪費邊亭的空地，兩國的百姓分別在本國的邊亭旁邊種了一些瓜。

梁國的百姓非常的勤勞，他們經常的照顧本國的瓜田，常澆水灌溉，所以他們種的瓜長得很好。而同樣也種瓜的楚國人卻不像梁國人那樣勤快，幾乎沒有人願意去邊亭那邊給瓜澆水，所以他們的瓜長得一點都不好。

同是在邊亭旁種的瓜，但是卻結出了不同的樣子。楚國人看到這種情況後非常的生氣，於是他們就派人在夜裡偷偷的對梁國的瓜田搞破壞。梁人知道這件事之後，立即稟告了梁王：「我們也想用同樣的辦法對付楚人，毀掉他們的瓜田。」梁王馬上制止了他們的行為。他說：「仇恨是一切災禍的來源。他們因為我們的瓜長得好，所以嫉妒，毀了我們的瓜田。這是很不道德的事情。但是我們卻不能因為別人的嫉妒再去報復他們，這種做法是很偏激的。」

後來，梁王還派自己的百姓每晚悄悄的去為楚人澆瓜。梁人就這樣天天堅持給楚人澆瓜，慢慢的，楚亭旁的瓜田長勢一天比一天好。後來楚人經過暗中觀察，他們驚奇的發現，原來自家的瓜田一直都是梁人在幫他們澆灌。

楚人大為感動，也覺得非常的慚愧。後來便把這件事稟告給了楚王。楚王知道這件事後，為自己的百姓因為糊塗所做的錯事感到羞愧。於是專門派人帶著豐厚的禮物前去梁國賠禮道歉，還誠懇的請求與梁王日後和睦往來。就這樣，楚國和梁國結成了友好盟國。

以德報怨是最質樸的美德。以德報怨，可以使一顆崇高的心靈得到更多的敬仰。我們不苛求每個人都擁有如此寬廣的胸懷，但我們卻能讓這種精神得到更廣的延伸。無論在哪裡，不管任何時候，都需要這種精神的存在。

學會感激那些批評我們的人。對於他們，我們更加需要一顆寬容、認真、謙虛的心。因為他們的批評，我們才有了不斷改正的動力；因為他們的指責，我們才找到了前進的方向；因為他們的冷眼，我們才看清了自己的不足；因為他們的傷害，我們才變得越發的堅強。

世界上沒有永遠的敵人

法國著名作家雨果曾經說過：「世界上最廣闊的是海洋，比海洋更廣闊的是天空，比天空更廣闊的則是人的心靈。」廣闊的心胸不但可以化解人與人之間的仇恨，還能夠驅散彼此內心的憂愁與煩惱。

有時一個淺淺的微笑或者一個小小的幽默，就足以解開兩個人心頭沉積許久的矛盾與恩怨。寬容的態度不但可以減輕彼此之間因為誤會造成的尷尬，同時也能澆灌出聖潔的友誼之花。

偏遠的鄉下小鎮上住著兩戶人家。兩家比鄰而居，兩家都有一個十五歲的孩子。因為他們常在一起遊戲、玩耍，有時候就會因為小小的矛盾發生衝突，甚至還可能大打出手。

這個時候，那位身材高壯的胖媽媽月娥就會堵到纖瘦媽媽秀娟家的門口罵個不停。好在秀娟是個教師，對待這樣的事情，她每次都是默不作聲，所以，兩家的矛盾才一直沒有上升。但是兩家的「仇恨」就在這一次次的謾罵中累積起來，就像冬天的寒冰越積越厚。

就在大火焚毀小鎮的那天晚上，兩家的男主人都到山上滅火去了，當秀娟被火嘯聲和逃命聲驚醒，拉拽著兒子跑出房門時，已經能感覺到熱浪了，就在秀娟和兒子跑出院門時，聽到隔壁月娥的兒子一聲聲的哭叫著自己的媽媽，孩子的陣陣哭聲穿過熱浪透進秀娟的耳中，她的第一反應就是月娥肯定暈倒了。

幾十年的老鄰居了，秀娟知道，月娥一直心臟不好，一旦興奮過度或者緊張過度都會出現暈厥。想到這裡，秀娟馬上停下了腳步，沒有片刻的猶豫便飛快的衝進了月娥的家。進去之後，月娥竟然真的仰臥在地上，兩眼緊閉，嘴唇發白，她的兒子正趴在月娥的身上哭喊著。

於是秀娟使勁的搖月娥，拚命的喊叫，但是，躺在地上的月娥毫無反應。火球已經濺射到不遠處的木架上，熱浪更烈了。秀娟不知從哪裡來的力氣，將月娥背到自己背上，一邊囑咐兩個孩子沿著大街往村外的河堤邊跑，一邊踉蹌著邁動著步子。在幾乎超過自己體重一倍的重負下，還沒挪動多遠，秀娟就已經累得氣喘吁吁。她緩緩的邁著步子，最後幾乎是一點點的往前挪，終於還是與月娥一起癱倒在地上。

濃煙彌漫，熱氣灼烤，秀娟知道大火越來越近，她不能停下來，哪怕是慢一點點都將會葬身於火海之中。顧不上喘息的她試著想再背起月娥，但是一連試了好幾次都沒能站起來。這時秀娟趴在地面上，將月娥拉上自己的後背，馱著她開始一點一點的向村外爬。一寸一寸，一尺一尺。

河堤上的人們是在距離村子三十幾公尺外的地方救到秀娟和月娥的。當時，月娥昏趴在秀娟的背上，而秀娟也已經昏死過去，她的雙手雙肘雙膝都已經血肉模糊了，身後是一條長長的伸向火海的血痕。

都說男兒膝下有黃金。但是當月娥的丈夫從山上下來後，他那魁偉壯碩的身體竟然一下子跪倒在依然處於昏迷狀態中的秀娟身邊，說不出半句話，只有兩行熱淚以及感激的磕頭！

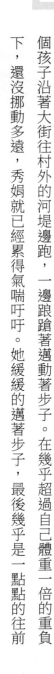

十四年過去了，那場大火對於很多人來說，仍然心有餘悸。月娥自那以後最常說的一句話是：「記住，一定要寬待身邊的每一個人，不然就枉做第二次人了！」

寬容不但是一種崇高的精神境界，更是一種脫俗的豁達。當我們可以很有氣度的原諒別人的時候，自己也完全能夠享受於這份釋然的輕鬆快樂當中。寬容是一雙充滿希望的眼睛，它能讓人看到春光明媚的世界；寬容是一股清澈的水流，它能滋潤最乾涸的心田；寬容是一道溫暖的陽光，它足以融化最堅固的冰川；寬容是一個堅硬無比的盾牌，它能抵擋利箭般的流言蜚語；寬容是一把強而有力的巨傘，它可遮擋狂風暴雨般的攻擊；寬容是一劑化解矛盾的良藥，它可讓人類、讓社會多一些和諧與安定。

寬容有時候是對別人最大的恩惠。因為有了寬容，敵人的身分也許會轉變為朋友；因為有了寬容，我們的世界不再有對手，每個從我們這裡感受到溫暖與寬容的人，再也不會因為仇恨而不與我們繼續交往。既然寬容可以帶給人們無限的幸福，那又何樂而不為呢？

多一點包容，少一點抱怨

日常工作中，犯錯是任何一個人都在所難免的事情，即使是行業菁英也不見得十全十美，他們也有犯糊塗的時候。對於任何一個犯了錯誤的人，我們都應該正確的對待，不要刻意的批評或者指責，少一些抱怨，多一些寬容。

一個優秀的領導人與上司，一般都能夠做到寬容的對待自己下屬所犯的錯誤。即使員工因為疏忽犯下了無可挽回的錯誤，他也能耐心的開導，而不是將自己的目光緊緊的盯在這件事情上。他願意留給員工足夠多的時間讓他們自己進行反省與改正。

奇異的前董事長傑克・威爾許在一九六三年的春天，經歷了他這一生中最難以忘記的一幕。當時的威爾許是個熱情又充滿野心的化學工程師，用盡各種辦法想要打造塑膠事業。一天，他正在辦公室裡休息，街對面就是他們進行實驗的工廠。突然間，一聲巨響，進行實驗的工廠發生了爆炸。當時爆炸所產生的強大氣流很快就掀翻了樓房的屋頂，幾乎震碎了頂層的所有玻璃。這時，威爾許立即飛奔出辦公室，向出事處跑去。屋瓦上的玻璃碎片七零八落，濃煙和塵土彌漫在整個樓房的上空。

威爾許一口氣跑到了三樓，他的心裡害怕極了。因為這次爆炸所帶來的災難比他預想的更糟。可以算得上是具有毀滅性的災難。實驗廠房的天花板零零散散墜落了一地，不幸中的大幸就是幾乎沒有人員傷亡。

根據調查，事故的原因是實驗人員在進行化學實驗時，他們在實驗的大水槽裡把氧氣灌入了一種高揮發性的溶劑中。而恰恰在此時，一個意外的火花引起了嚴重的爆炸。非常幸運的是安全措施起到了一定的保護作用，使爆炸產生的衝擊波直接衝向了天花板。

威爾許作為這次試驗的負責人，有著不可推卸的責任。到了第二天，威爾許就親自驅車到一百公里之外的康乃狄克州橋港，向集團總公司的主要執行官理・里德彙報這場重大事故的原因，當時的威爾許已經做了最壞的思想準備。

但是令威爾許萬萬沒有想到的是，執行官並沒有大聲呵斥他，也沒有暴跳如雷的反應。查理・里德非常的通情達理，他對威爾許說：「我最關心的是你從這次嚴重的爆炸中學到了什麼？接下來你又是否能夠修改預防爆炸的程序？你們是否應該繼續進行這個項目？」從查理・里德的表情與口吻中完全看不出，也聽不到一絲的抱怨。

這件事情的發生，讓傑克・威爾許對查理・里德產生了一種非常崇拜的感情。也讓威爾許自己看到了寬容與諒解的魅力。「有過能改，善莫大焉。」這應該是每個人都應該信奉的人生信念。當自己犯了錯誤，最需要的也許就是別人的理解或者原諒，反過來說，一旦是別人犯了錯誤，那麼也許最渴望的就是我們的包容。

既然已經錯了，無論你再怎麼責備，也已經於事無補了。為什麼還要抓住這個問題不放，何不多一點理解，盡自己最大的能力幫助犯錯的人尋找彌補的機會或者一些恰當的補救措施，幫他們創造挽救的機會，讓他們將功補過，戴罪立功。這樣的話，對方一定可以帶著感激的心做事，也能夠更加努力的去做，也肯定會取得更好的成績。

寬容可以給每個人留下深刻的印象。每個人在犯了錯誤的情況下，也許他們最希望的就是得到別人的寬恕與諒解。這個時候沒有什麼能比原諒更能拯救人的，他們最需要的就是來自各方面的鼓勵。這也許正是他們重拾信心的關鍵時刻。

寬容不等於軟弱，過於軟弱是縱容

寬容是做人的涵養；寬容是溫暖的理解；寬容也是成事的信念。寬容就像大海一樣，能夠容得下百川的爭流；寬容又像高山一般，能容納百花齊放、百草齊生；寬容又如暖暖春風，吹散憂愁，喚來百花盛開的春天；寬容又似綿綿細雨，能滋潤大地的心肺，更能沁入人的心田。

寬容不是軟弱可欺，而是超然大度；寬容不是散漫放縱，而是體貼關懷。寬容是奉獻，是給予；寬容是心靈的潤滑劑，是做人的品質。寬容不但是每個人一生都要選擇的必修課，更是每個人品德的心靈雞湯。它可以教會人們如何更好的與人相處，也可以感染人們怎樣友好的對待他人，怎樣積極的對待自己的人生。多出一份寬容，就是在為自己打開一扇心窗，盡可能的讓自己在寬容中逐漸變得完善。

孔子的門生顏回有一次上街遊玩，走著走著，突然看到前方圍了好多人，走近一看，原來是布匹小商販和一個前來買布的人發生了爭吵。

只聽買布的人振振有詞的說：「明明是三乘以八等於二十三，可是你為什麼要收我二十四文錢？」這時站在人群中的顏回心裡暗笑道：「這人還真是的，自己算不明白帳，還在這裡耍賴。」於是就上前勸那個買布人說：「大叔，三乘以八的確是等於二十四，是您算錯啦，快請回吧，別再吵了。」可是買布人並不覺得是自己理虧，反而指著顏回的鼻子破口大罵道：「你算老幾呀？我只聽孔老夫子的，他說的是三乘以八等於二十三的，你要是不信的話，咱們就去找孔老夫子評評理。」

這時顏回也不服輸的問那個買布人：「那如果是你錯了，怎麼辦？」只見買布人也非常肯定的說：「要是我錯了，自願將自己的腦袋給你，怎麼樣？」顏回見買布人口氣挺硬，心中暗笑，便對那人說：「要是我輸了，我這頂帽子就給你。」

於是，兩人一前一後來到了孔子門前。待孔子問明情況之後，笑著對顏回說：「三乘以八就是二十三。所以，顏回，是你輸了，快把帽子給人家吧。」顏回心想：老師今天是怎麼回事呀？明明是三乘以八等於二十四才對呀，可老師為什麼要說是二十三呢？一定也是老糊塗了。但是老師既然這麼說了，他只好把帽子給了買布人。只見那人拿了帽子興沖沖的離開了。

這時孔子看著心存疑惑的顏回，笑著對顏回：「說你輸了，只是輸掉了一頂帽子，如果說他輸了，以他那種暴躁的性格，肯定會出人命！你說說是帽子重要還是人命重要呢？」顏回撲通一聲跪倒在孔子面前說：「老師重大義而輕小是非，學生慚愧萬分！」

這個小故事中的買布人因為自己的錯誤，一味的與賣布人爭吵，之後因為顏回的出面解圍，將買布人帶到自己老師面前，而孔子卻為了拯救買布人的性命，故意說是自己的弟子顏回算錯了。人們常說「退一步海闊天空」，寬容可以讓原本複雜的事情變得更為簡單。對待身邊的每一個人，寬容顯得尤為重要。寬容的含義非常的豐富，其中有信賴、理解、尊重、責任還有道義。

生活，帶給人們更多的思考與感悟。因為要生活，人與人之間會發生了太多的矛盾與摩擦。因為年輕、因為爭強好勝，所以經常會因為一點小事爭得面紅耳赤。即使自己犯了錯誤，也都不願意承認是自己錯了，不會從自身尋找問題。如果是別人的問題，也不願站在對方的角度考慮，不願意給對方留一點迴旋的餘地，不肯原諒寬恕對方。

每個人在做錯事情的時候都希望得到別人的原諒，所以，我們每個人都應該注重這方面的修養。生活因為有了寬容，人生才擁有更多的笑容。但是也要始終相信，寬容並不是軟弱的表現，只是一種完美的退讓。

得饒人處且饒人，得抬手時且抬手

有句老話是這樣說的：「人活一張臉，樹活一張皮。」試想一下，如果將一棵參天大樹的外皮剝掉的話，那麼，這棵樹木會發生什麼樣的變化？這棵樹一定會慢慢枯萎，直至死掉。人也是一樣的，如果你傷害了他的面子，也許傷害的程度還不至於取了那個人的生命，但是，面子上的損失有時甚至要比丟失掉性命更加嚴重，那將是對他人最大的侮辱與傷害。

面子對每個人來說都是非常重要的事情。它關係著一個人的尊嚴，一旦尊嚴受到傷害，那麼這個人就會失去生命的意義，失去做人的價值。

深諳其中道理的人幾乎都明白做人最需要維護的是什麼。所以，他們在自己的成長道路上，就能夠完美的掌握好「得饒人處且饒人」的處世原則。人人都需要被尊重、被理解、被原諒、被包容。人人都在尋找「你敬我一尺，我敬你一丈」的夥伴。如果你給足了別人面子，那麼，別人也一定不會讓你丟面子。而相反的，如果你故意刺　了別人的臉面，那麼別人也一定會給你有力的還擊。

有些上司因為不太關心屬下員工的心理感受，常常會在很多人面前訓斥員工，也許他的批評並不是存心想讓那個人丟臉，但是，這樣還是可以造成傷害。同樣的道理，不管多優秀的下屬都不能在人多的時候頂撞上司，否則，不但讓上司下不了臺，還給上司以後的管理造成不必要的麻煩，讓他們無法順利的開展今後的工作。

某化學研究公司的經理何修柏向來對職員非常苛刻，以此來顯示自己的威嚴。一旦抓住了屬下員工的失誤，他就不會輕易放過，尤其喜歡給下屬來個「下馬威」。一次，何修柏安排一位新來的研究員杜奇方接洽一位客戶，之後還要求他必須要交一份市調報告。

勤奮的杜奇方利用一週的時間，對本地的所有市場進行了實地考察，並且還對一些企業的客戶經理作了詳細的訪問。之後，杜奇方做了一份內容詳細的市調報告。杜奇方的努力終於沒有白費，因為他的溝通到位，所接洽的那個客戶表現出了合作的意向，只等著最後簽署協議的具體時間與地點了。可是，何修柏卻來找麻煩，他緊緊的抓著杜奇方報告中的小錯誤，不斷的嘮叨：「看看你寫的報告，怎麼還有這麼明顯的錯別字，我一眼都能看出來！這麼不小心，以後要是接到大工程，就這樣被你的粗心給毀了。」何修柏氣急敗壞的把報告扔在杜奇方的桌上。繼續斥責道：「你怎麼能犯這樣的低級錯誤！連小學生都會寫的字……」劈頭蓋臉的又是一陣責罵。

其他同事因為不知道怎麼回事，都被經理的高聲斥責給吸引了過來，也都盯著他們看，這時的杜奇方簡直是無地自容。杜奇方心想：「自己本來就是新人，以後還怎麼在公司混呀？這也太沒有面子了……」一旁的經理依然在罵。

原本打算忍一忍的杜奇方終於被何修柏囂張的氣焰給逼急了：「你等著看我能否創造價值吧，不過不是為你！」杜奇方辭職了，他重新進了另外一家公司。進入新公司兩週後，他就順利拿下了一筆大生意。

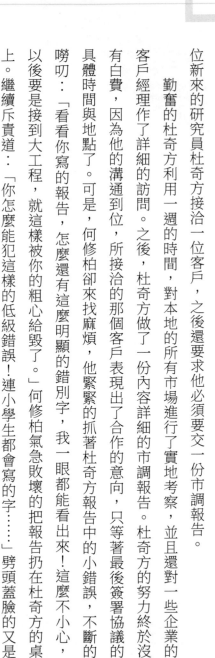

職場、官場、情場等所有的地方，任何時候，人都不能把事情做得太絕了，世上沒有絕對正確的事情，更不可能存在絕對錯誤的時候。許多事情的發生都具備一定的相對性。那麼，對人也一樣，寬容一些，大度一些，不要因為一些細微的錯誤就緊抓不放。

與人相處的時候，千萬不能當著許多人的面羞辱別人；不要厚此薄彼，冷眼看人；不要門縫裡看人，過分看低別人。能主動給別人做足面子的時候，就不要過分關注對方的身分是高貴還是卑微。能為對方說好話就盡量說；在一些尷尬的場合下，最好能及時為別人打圓場；在一些存在輸贏的場合，不要自顧自的贏別人太多；如果有人獲得成功，最好能夠積極主動的表示祝賀。

幫別人開啟一扇窗，你能看到更完整天空

「贈人玫瑰，手有餘香。」當你在無意之中幫助了別人，自己也一定會得到更多的快樂。因為每個人活著的價值並不完全是為了自己，有相當多的時間都是為別人服務。也許當你在給別人打開一扇窗的時候，也照亮了自己的心房。

這個現實的世界，所有的虛偽都換不來真情，一切的冷漠都召喚不到熱忱。人不能自私的只為自己活著，適當的時候也應該站在別人的立場想想。條件允許的情況下，不妨伸出自己的

雙手拉別人一把，那麼，伸出手的你也許更有成就感，也能活得更坦然。

有一個小巷裡，住著一位年邁的盲人老爺爺。全名叫陳育誠，他是一名退伍老軍人，他的眼睛就是在戰爭中受傷造成的。陳爺爺每天晚上出去走路的時候，手裡都會提上一盞非常明亮的燈。

巷子裡的人看到都會覺得奇怪。一個比較熟悉的老鄰居看見了，於是就好奇的問陳爺爺：「你自己都看不見路，為什麼還要提著燈走路呢？」

陳爺爺空洞的眼神望向遠方說：「這還不簡單呀，我自己又看不見，提燈當然不是幫自己照路，而是為了讓別人更容易看到我，這樣他們也就不會誤撞到我，有了燈，既可以保證別人的行路安全，也可以保護我自己。」

後來，跑長途的汽車司機劉雙城師，就是聽說了盲人陳爺爺的故事之後，才改掉了自己以前很多的不良習慣。他說：「以前我每次開車過隧道的時候，總是不喜歡打開車燈。一方面是因為經過的隧道不是特別長，裡面的光線也不是很差；另一方面確實是嫌麻煩，覺得根本沒必要開開關關。誰知道，有一次就是因為自己沒開車燈，差點命喪黃泉。那天，對面開來了一輛的大卡車，那輛車的車燈亮得有些晃眼，我就靠邊開，不料，撞了個正著。撞車的原因就是我沒有打車燈，對方的車是從明處進入暗處的，剛進隧道，司機的視覺很難立即調整過來，如果看不到車燈的話，就會誤以為前方無障礙。自從這件事以後，我才知道，司機開車燈不僅僅是為了給自己照路，同時也是給對方提示。」

很多時候，我們就是因為怕麻煩，而沒能及時的給予別人幫助。結果，就再也沒有了幫助別人的機會。無論自己有多麼的後悔，但是今生今世仍是無法彌補。漫漫人生路，一個人走，該是多麼的孤單與寂寞，不去幫助別人，永遠也無法體會到那種與人分享的快樂。

生活中的每個人都忙忙碌碌，為了工作，為了家庭，為了追求更大的理想而不斷的努力奮鬥。對於來自他人的求助或者請求，一般都會保持友好的姿態，或委婉的拒絕。考慮最多的還是擔心自己的利益受損，害怕占用自己的時間，唯恐影響自己的生活，所以，總是會找出各種各樣的理由或藉口推掉來自別人的請求。

如果我們也能學學上面故事中提燈的盲人陳爺爺，能付出自己的行動為別人照路的話，相信這個社會一定會更和諧、更美好。多付出一點自己的愛心，多幫助一些需要幫助的人，多關懷一些弱勢群體，當看到他們因為得到及時的幫助或救助而變得快樂起來的時候，相信我們的內心也會更踏實。

不要因為過分的執著於自己的目標、理想、利益，而忽略了其他人的要求，不要孤軍奮戰，這樣活著會很累。所以，當他人遭遇困境，或者面臨不幸時，能幫助就幫助。如果能主動的伸出援助之手，必要的時候還能夠犧牲自己的利益，去幫助他人渡過難關，相信日後得到過你幫助的人，也必定會幫助你成就一些事情。

人與人之間的幫助是互相的，你對別人好一分，也許別人會對你好十分，這就是幫助的感染力量。能幫助別人打開一扇窗，就盡自己最大的力量打開，這樣不僅照亮了別人，同時也讓自己看到了更完整的天空。總之，一句話：「幫助別人其實就是在幫自己。」

死要面子活受罪，活得坦然是真理

灰姑娘的故事，相信很多人都聽過。也許還有不少的女孩子曾經還做過灰姑娘的夢，希望自己有一天也能夠像幸運的灰姑娘一樣，穿著漂亮的水晶鞋，和王子一起幸福的生活在一起。其實，整個故事情節中還有兩位個性鮮明的人物，就是灰姑娘的繼母所帶來的兩個姐姐。

當王子拿著灰姑娘的水晶鞋在尋找那位與自己跳舞的公主時，兩位姐姐使勁的將自己的大腳往鞋子裡塞，腳都磨得起了水泡，還硬要說那雙鞋子是自己的。為了能夠在皇宮裡過上那種飯來張口衣來伸手的富足生活，為了能夠贏得更多人的尊敬與崇拜，為了能與英俊瀟灑的王子為伴，她們使勁的將自己又肥又大的腳塞進水晶鞋。這樣的人物形象是很可笑的，但是我們的生活中其實並不缺少這樣的角色。

萊茵河畔，年輕的約翰垂頭喪氣的來回走動著。此刻的他心煩意亂，真想一頭栽進河裡了結了自己，可他對於這個世界似乎還有些不捨。就在他猶豫不決的時候，鎮裡的牧師艾森豪恰好經過，停下腳步問：「年輕人，有什麼想不開的事嗎？」

只見約翰深深的嘆了口氣說：「我叫約翰，今年三十歲，卻還一事無成。既沒有可觀的存款，也沒有漂亮的房子，家裡還有個讓人生厭的黃臉婆，這樣的日子我真的是受夠了。」艾森豪聽後微笑著問道：「約翰先生，請問你的理想是什麼？說出來，也許我能幫你實現。」約翰說：「我曾經有三個理想：財富、權力和美女。」艾森豪笑著說道：「這個很容易辦到，那你跟我來吧！」說完，艾森豪轉身就走，約翰緊緊的跟在艾森豪的後面。

首先，艾森豪帶著約翰來到世界超級富豪懷特的豪宅前，只見懷特躺在床上使勁的咳嗽，臉色蠟黃，床邊的金盆裡有他剛剛吐出的帶著血絲的濃痰。艾森豪轉身看著約翰說：「懷特先生不惜自己的健康拚命追求財富，以至於付出了超負荷的精力，結果財富有了，自己卻倒下了。更可憐的是懷特先生根本不知道自己的三個兒子，居然日夜祈禱他早日歸天，以便更快的繼承遺產呢。」艾森豪說完，就領著約翰來到另外一個房間門口，只見懷特的三個兒子正在與幾位漂亮小姐喝酒，他們聲色犬馬的樣子讓約翰看了噁心，不由得快速轉身離開了這裡。

接著，艾森豪又帶著約翰來到了議長史蒂芬的官邸，只見好幾個保鑣模樣的人圍在他的身邊。史蒂芬吃飯，會有人先嚐；史蒂芬睡覺，保鑣們個個都瞪大了眼睛盯著他；就連史蒂芬上廁所，也會有人在馬桶旁蹲著。艾森豪對約翰說：「因為史蒂芬有很多的政敵，所以，稍不留神就會遭到別人的殺害，就連他上街散步，保鑣也會寸步不離的跟隨其後。」這時只見約翰嘆了口氣，失望的說：「那他和蹲監獄有什麼兩樣？」

艾森豪無奈的搖搖頭，之後又帶著約翰一起來到當時最紅的女明星葛瑞絲的家裡。只見葛瑞絲正朝一位菲傭大發脾氣。非常生氣的時候她甚至會拿起手裡的燃著的香菸往傭人的身體上按，很快的傭人的皮膚上就會起一個泡，但是傭人還必須強忍著，不敢發出一聲。如果她忍受不了而發出慘叫的話，就會招來更嚴重的懲罰。」

葛瑞絲剛剛折磨完傭人，準備回房休息的時候，一位女傭進來通告：「小姐，伯格先生想見您。」葛瑞絲頭也不抬的呵斥道：「讓他快點滾出去，我已經和他離婚了，我們之間沒有任何關係。」傭人小心翼翼的往外走，結果又被叫了回來：「順便轉告他，明天我就要和我的第十二任丈夫結婚了，如果他有興趣，可以來參加我們的婚禮。」說完，只聽「啪」的一聲，房門被關上了。

約翰看得簡直目瞪口呆。從葛瑞絲的家裡出來之後，艾森豪就問約翰：「年輕人，三個理想，你隨便選一個，我都可以盡自己最大的能力幫你實現。」約翰想了一會兒對艾森豪說：

「不用了，艾森豪，其實我什麼都不缺。與懷特先生相比，我有他所有金錢都買不來的健康；與史蒂芬先生相比，我有他得不到的自由；至於葛瑞絲，我老婆可比她善良賢慧多了……」艾森豪滿意的伸出雙手與約翰相擁，約翰滿臉笑容，一抹陽光暖暖的灑在他們的身上。

我們沒有必要去羨慕別人的生活，也沒有必要不斷的模仿成功者的姿態。我們每個人都是獨一無二的自己，各人總會找到屬於自己的軌跡。靠自己的能力為自己創造出一片天地，只要舒適、愜意，這就是最好的生活，不要刻意的追求不屬於自己的天地，一意孤行的結果只能是死要面子活受罪。

第八章　適度忍耐，海闊天空

中國人向來推崇的是「以忍為上」的精神，遵從的是「吃虧是福」的信念。當然了，忍讓可以說是一種玄妙的處世哲學。有句俗語說得好：牛不低頭飲不著水。那麼，牛猶如此，人何以堪！我們需要用心的悟一悟這牛低頭飲水的深刻道理。

不要讓計較遮掩了品德，不要讓爭怨損毀了形象。忍讓本來就是一種美德，寬容別人其實就是善待自己。記住這樣一句話：「人心就像一個容器，當愛越來越多時，仇恨就會越來越少。」讓我們盡可能的學著寬容，讓愛充滿世界。當你無法克制自己的衝動時，一定要學會想想忍讓的無限魅力：「忍一時，風平浪靜；退一步，海闊天空。」

理智者得世界，衝動者失世界

著名學者梁實秋說過：「血氣沸騰之際，理智不太清醒，言行容易逾分，於人於己都不宜。」其意指人在不理性的時候，自我的行為就很有可能隨著心理變化出現衝動。相應的，人所說出來的話也就會比較過分，這樣不管是對別人還是對自己都沒有益處。

容易衝動的人會很容易失去自己的理性。如果跟比較容易衝動的人打交道，那麼從說話做事上都必須謹慎小心，因為你也沒有把握自己的哪句話或者哪個動作會激怒對方，這樣也許會很容易引起大家的不愉快。同樣的對於那些容易衝動的人，他們自己也很苦惱，由於自己內心情緒的不穩定，在與人相處的過程中，他們也不清楚自己會在什麼時候爆發，或者被別人遷怒。衝動往往都是在無意識的狀態下發生的，所造成的場面常令自己也令大家都很尷尬。

一些忍耐力比較差的人，在遇到事情的時候，往往不是很冷靜，也不能很好的控制自己激動的情緒，在這樣的狀態下，他們處理問題一般都不會過多的考慮後果，他們冒冒失失、莽莽撞撞，到最後很有可能造成無法挽回的後果。

聰明的人，一般情況下都會理智的控制自己的情緒，盡可能的讓自己冷靜下來。即使面對的是別人無禮的挑釁，他們也不會陷進別人的圈套中。他們不會輕率的站在被動者的一方。偶爾受到了來自別人尖酸刻薄的挖苦、戲弄、嘲笑，也要告誡自己忍一忍，不要因為無法克制而暴跳如雷或者反唇相譏。

如果自己無法克制內心的憤怒，也用相同的方式回擊對方的話，就很容易引起雙方激烈的爭執，這樣只會使矛盾不斷的被激化。所以，無論什麼時候，都一定要試著說服自己冷靜對待任何一件事，最好凡事採取理智的態度，要知道只有忍耐才可以得到自己想要的一切。著名的軍事家張良就是一位善於「低頭」做人，最終也成就了一番大事的人。

張良原本出身貴族，由於家道中落，之後整個家族喪失了榮耀顯赫的地位。但是，後來張良卻成為了漢高祖劉邦的重要謀士。他運籌帷幄，忠心的輔佐漢高祖平定天下，因建功無數被封為留侯，並與蕭何、韓信共稱為「漢初三傑」。

年少時的張良因在博浪沙阻擊秦始皇未果，被迫逃亡到下邳。一天，他路過沂水橋，遇見一位穿著短袍的老翁。老翁故意把自己的揮拔拳打他。但是又覺得這樣做有些不妥，人家畢竟是長者，自己也不忍心下手，只好下橋去撿鞋。張良撿鞋回來，老翁翹起自己的腳，讓張良為其穿鞋。心懷大志的張良簡直氣憤極了，再次有了揮拳的意念，但是遭遇坎坷的張良轉念想了想，還是強忍著內心的不滿，膝跪於地，小心翼翼的幫老人穿好鞋。老人不但沒有絲毫的感謝，反而大笑著離開。老人走後沒多久，他又折返回來對張良說：「孺子可教也！」之後還讓張良五天後的清晨再來這裡。張良雖然有些迷惑，但是依然跪著答應了。

到了第五天，公雞剛剛報曉，張良就急匆匆的來到橋上。可是老人看上去已經到了很久的樣子，這時，老人生氣的訓斥張良道：「為什麼遲到，五天之後再來這裡。」可是第二次，張良再早起還是比老人晚到了一會兒。到了第三次，張良半夜就跑到橋上去等。他的真誠與隱忍得到了老人的欣賞。之後，老人拿出了一本書遞給張良說：「讀此書則可為王者師，十年後天下大亂，你用此書興邦立國，十三年後再來見我，我是濟北轂城山下的黃石公。」說完之後就離開了。

張良高興極了，等天亮之後一看，竟是《太公兵法》。從此，張良日夜苦讀，刻苦鑽研兵法，關心天下大事，最後終於成為了一個文韜武略、足智多謀的智多星。

由此可見，必要的時候「好漢要吃眼前虧」，稍稍吃點「眼前虧」，換來的也許就不僅僅是小利益，甚至很有可能是成就自己的大機會。

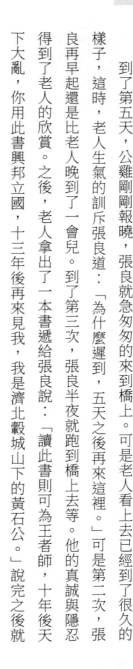

我們生活中的很多人，就是因為受不了一點點的氣，吃不了一點點虧，經常錯失良機。他們為了面子不斷的跟人計較且發生爭執，結果不但讓自己受到了莫大的傷害，還有可能給對方造成傷害。

現實生活是殘酷的，幾乎每個人都可能遇到不如意的事情。小小的挫折或者不順，也許自己可以挺過去了，但是當與別人發生矛盾或者爭執的時候，一定要克制自己，盡量讓自己學會包容，告訴自己忍一忍。

急於求成，功虧一簣

想必大家都聽過「欲速則不達」這樣的警句。這句話告訴大家，在追求成功的道路上，不要只是一味的追求速度或者想要很快的看到結果，而忽略了做事的過程。因為「羅馬不是一天建成的。」每件事情的成與敗，必定有著自身存在與發展的規律，一旦遭到人為的干擾或者破壞，就一定不能收獲勝利的成果。

春秋戰國時期，鄭莊公為了成功伐許，開戰之前，為了挑選出優秀的先行官，他先在自己的國都組織了一次比武大賽。部下眾將領聽後，均面露喜色。因為大家都很在意每次立功的機會，大家也都躍躍欲試。

經過緊張的準備，比賽終於開始了。首先進行的是擊劍格鬥。眾將領基本都使出了渾身的解數，只見空中短劍飛舞，盾牌晃動鬥來鬥去。經過輪番比試，已有六位將領勝出。接著進行的是箭術比賽，之前勝出的六名將領每人各射三箭，以射中靶心者為勝。六位勝出者中有一位叫公孫子都的將領，他武藝高強，年輕氣盛，從來都不會把別人放在眼裡，他上場後，三箭連中靶心。還有一位年紀稍大點的叫穎考叔，他上場之後，也是三箭連中靶心，這場比賽下來，其他將領均已落敗，只有這兩位打了個平手，留下來參加下個項目的比賽。

最後一項的比賽是讓他們二人站在百步之外，同時去搶一部戰車。如果誰能先搶到手，誰就是這次伐許的先行官。這時的公孫子都輕蔑的看了潁考叔一眼，因為他心裡明白：自己要比潁考叔年輕許多，力氣也大，這一輪肯定是自己贏。比賽正式開始了，剛跑到一半路程的時候，因為公孫子都搶車心切，加快了步伐，誰知剛剛加速，他就腳下一打滑，栽了個大跟頭。等他再次爬起來的時候，潁考叔早已搶到了車。

不服氣的公孫子都，還準備去奪潁考叔手中的戰車。莊公連忙制止，並宣布潁考叔為這次伐許的先行官。就是從這個時候開始，公孫子都一直都對潁考叔懷恨在心。

伐許的戰爭終於開始了。潁考叔果然不負莊公厚望，他手舉大旗英勇的帶領大批將士不斷進攻許都城。只見潁考叔率先從雲梯上衝上許都城頭。眼看著潁考叔即將大功告成，可是城下嫉妒得要死的公孫子都卻拔出箭來，搭弓瞄準城頭上的潁考叔，並向他射過去，一下子就把潁考叔射了下來。這時，與潁考叔一起的另外一位不知道實情的大將瑕叔盈還以為潁考叔是被許兵射中陣亡了，連忙撿起戰旗，繼續指揮士卒沖城，最終拿下了許都。

戰爭結束了，最後的贏家卻是瑕叔盈。這個事件中，最大的失敗者就是公孫子都，因為他急功近利的心態導致了自己沒能順利的贏取先行官的頭銜。儘管自己非常的優秀，但是還是輸在了急於求成的心理上。如果當時自己能一步一個腳印的前進，或許就不會栽跟頭。

做每件事情的時候，都應該從容不迫，一步一個腳印的慢慢進行，而不是懷著急功近利的心態刻意的追求結果。事情的發生乃至發展都需要一個循序漸進的過程，而不是一鋤頭下去就是一口井的成效。但凡做事情不能掌握好尺度的話，只能讓原本正常運行的事情發生根本性的變化，功虧一簣。

必有忍，乃有濟

人們常說的「心字頭上一把刀」其實就是個「忍」字。為什麼在我們的生活裡，要不斷的強調「忍」的魅力。因為「忍」是做人的基本，是成事的必備條件；因為「忍」讓更多的人感受到了溫情；因為忍，讓更多的人淡忘了仇恨；因為忍，讓爭執變成了沉默。

學會了忍耐就可以從生活中找尋到快樂。每個人都會遭遇困難挫折，每個人都要面對一些無謂的紛爭，只有忍耐才可以將其通通消除掉。人的心裡肯定會有一些曾令自己傷痕累累的疤痕，如果自己不去努力的將其掩藏，那麼肯定會有新的傷疤再次出現。所以一定要學會忍耐、學著承受、學會忘卻。

生活到處充滿陽光，充滿歡樂。一味的沉溺於痛苦的回憶，或者仇恨的氛圍，只會讓自己活得更加痛苦。當與別人之間出現一些不愉快或者不和諧的跡象時，一定要從內心說服自己，忍了此刻，或許會被人看作是軟弱的表現，但是我們希望看到的結果並非別人的表面崇拜，我們在乎的是最終的完美結局。

忍耐其實就是一種瀟灑的姿態，是一種「處處綠楊堪繫馬，家家有路到長安。」的境界。縱觀歷史，我們看到了很多「小忍必有大福」的謀士，他們寬厚待人，淡薄名利，善忘仇恨，最終他們事業成功，家庭幸福美滿。而那些遇事斤斤計較、患得患失的人，幾乎沒有多少人能有所作為或者說有什麼大的建樹，而且他們終其一生都在自我的圈子或者思想中生活，他們作繭自縛所以活得很累。

人生在世，短短幾十年，根本沒有必要活得那麼累，計較那麼多，等到百年之後，離開的時候什麼也帶不走。又何必計較那麼多呢？

三國時期，劉備死後，一直輔佐他的智多星諸葛亮，幾乎再也沒有了什麼太大的作為。劉備在世時，諸葛亮運籌帷幄，足智多謀。因為劉備是一代明君，在他的手下做事情，無論是誰都不用擔心君主疑人這一點，更不用說諸葛亮了，他的才華更是許多人所不能及的。當時劉備能打下一片江山，很大的程度上離不開諸葛亮的智謀。劉備在他臨死之前曾當著眾位群臣的面對諸葛亮說：「如果這小子可以輔助，你就好好的輔佐他處理好國家政事；如果他不是當君主的料，那你就自立為君算了。」

諸葛亮聽完劉備如此說，頓時頭冒虛汗，一副手足無措的樣子，他跪哭著說：「臣怎麼能不竭盡全力，盡忠貞之節？」說完，便接連叩頭直至流血。劉備死後，阿斗繼承了皇位。諸葛亮為了避免自己出現奪權的嫌疑，從此以後，諸葛亮非常小心謹慎的輔助阿斗處理朝廷政務，可謂是鞠躬盡瘁；另一方面他也經常尋找出征作戰的機會，以免遭人讒害，被人抓住把柄。為了能保全自己，他的鋒芒較從前大有收斂，而且還經常在群臣面前表現出自己已經老而無用的樣子。在一些事情或者奸佞小人的面前總是一忍再忍，不與任何人發生矛盾，這是諸葛亮的韜晦之計，收斂鋒芒也是諸葛亮最聰明的一點。

三國時期還有一個與諸葛亮的性格形成鮮明對比的人物張飛。他不管是在行軍打仗，還是與人結交方面，總是不拘小節。這樣的他經常令敵軍聞風喪膽，嚇得敵軍是屁滾尿流，可謂是一世英雄。但他有一個很大的缺點就是性情比較狂躁，剛愎自用，面對紛擾的世界，很難保持平常人的心態，更不會容忍任何不平之事，自己也總是喜歡打抱不平。

關羽戰死之後，張飛為了發洩內心的痛失兄弟之氣，他居然率領三軍「掛孝伐吳」。其中兩員兵將張達與范強因為倉促一時沒能找到「白旗白甲」，竟然被張飛捆綁在大樹上，每人挨皮鞭五十下。這二人遭受到重重的鞭打之後，還被張飛指著鼻子警告道：「你們二人必須在明天將我要求的東西給我準備齊全了，否則，馬上殺你二人以示眾將士。」

張飛因為這樣一件微不足道的小事情，竟然忍耐不住自己內心的傷痛，狠狠的鞭打這兩位將士，打得二人滿口出血。二人因為受到了如此奇恥大辱，於是便合計趁張飛酒醉熟睡的時候，將其刺死。

張飛，一員戰場上威風凜凜的虎將，沒有戰死於沙場，卻因為自己暴躁的性格而慘死在自己人的手中。由此可見，不管是什麼人，也無論身居何位，始終都要擁有一顆足以自我掌控的平常心，凡事都要忍耐，否則，自己種下的苦果，只能自己品嘗。

俗語說「驕狂者必躁，浮躁者必狂。」在我們的生活中，驕傲、浮躁、衝動經常影響著我們與身邊之人的關係，有時候雖是無心或者是無意的，但是這種情緒也不會被人輕易接受。由於這些不良因素會讓周圍的同事、朋友遠離你甚至可能厭惡你，那麼你內心深處自我感覺良好的「出人頭地」，也就成了虛幻的顧影自憐。因此我們要不驕不躁，忍耐也是做人的必修課。

實際上，學會忍耐也是關愛他人、關心社會的一種方式。現實生活中，千萬不能用別人的錯誤來懲罰自己，不要總是拿著顯微鏡看別人。即使人家有一定的不足，你也可以睜一隻眼閉一隻眼，讓這件事過去。不需要刻意讓自己為難，因為無論什麼事情，一旦經過時間的洗滌，到最後自然也會慢慢淡去。不要過於追求完美，只需要正確的對待自己。努力培養自己的素養，相信一定能夠正確的面對一切事物的發生與發展，最終取得成功或是勝利。

逆境中堅持信念，重整旗鼓起東山

逆境不但可以磨練一個人的意志，更能堅定一個人的信念。對於一個在逆境中成長起來的人而言，更能夠激發出潛藏在內心的力量。一般情況下，長時間潛伏在林中的鳥，一旦有了展翅高飛的機會，必定可以衝上雲霄。身處逆境的人如果能夠堅持到最後，一定能夠贏來希望的曙光，獲取最後的勝利。

對待事情焦灼、煩躁是沒有任何用處的，只會令糟糕的事情變得更糟，讓不順利的事情變得更棘手，更何況這對於事情的發展不會起到任何促進的作用。在逆境中如果能夠忍受別人所不能忍受的挫折與磨難，並且還能夠始終抱持最初的信念，一定可以順利的走完人生漫長的旅程。

當項羽和劉邦在稱雄爭霸、建功立業之前，他們也是經歷了千辛萬苦才能出頭的。實際上，這也是「忍」功的一種最好表現。在惡劣的條件下，在艱苦的環境中如果誰能夠「挺住」，那麼誰就一定能夠稱霸天下，名揚四海。誰如果總是一副小肚雞腸，剛愎自用，那麼他的結局一定會很慘。

楚漢相爭之時，漢高祖劉邦之所以取得最後的勝利，而楚霸王項羽之所以最終失敗，關鍵就在於二人堅持的程度有所差別。正因為項羽不能在逆境中堅持下去，所以過早的就犧牲了，白白的浪費了自己百戰百勝的勇猛。劉邦的堅持則讓自己能有更多的時間養精蓄銳、等待取勝的最佳時機，直接攻擊到項羽的弱點，以至於對方根本沒有還擊之力。

劉邦可以成就自己的一番大事業，最關鍵的就是他的堅持。他也很清楚的知道堅持的最高境界。他可以忍下人之言，忍個人享樂，忍一時的失敗，忍自我的放縱；而項羽則不然，他沒有理清「小不忍則亂大謀」的道理。大業未成就已身先死，真是可悲可嘆！

在逆境中堅持信念這方面做得最好的還是漢初三傑中的張良。

張良的堅持不是悲觀消極的等待，他的堅持，是運用自己的信念，聰明積極的等待好時機的出現。他堅信只要自己能堅持住，以後一定可以有所成就，即使是在最艱難的時刻也不能喪失重整旗鼓的信心。劉邦在和項羽相約分兵入關時，劉邦原要以全力攻取嶢關，張良及時勸說：「秦兵尚強，不可輕。」讓劉邦暫時先忍一忍，不要輕舉妄動。等到以重金挑動秦軍叛變的時候，再趁士卒心向不定，趁士兵放鬆警惕的時候進軍奪取勝利。於是，張良在這一戰爭中的忍耐，保存了自己的實力，等到了最後大好機會的來臨，趁勢取得了最終的勝利。

唐代大詩人蘇軾曾在《留侯論》中這樣寫道：「觀夫高祖之所以勝，而項藉（羽）之所以敗者，在能忍與不能忍之間而已矣。項藉唯不能忍，是以百戰百勝，而輕用其鋒。高祖忍之，養其全鋒，而待其斃，此子房教之也。」

千百年來，無論是在政壇還是在商場，幾乎每個人都知道「逆境」帶給人們的是什麼？能在逆境中成長起來，簡直就是一筆巨大的個人財富。因為挫折與磨難不但加強了這個人的心智，更從意志力上給予了最大限度的強化。

很多人都知道「知易行難」的道理。但是一旦在緊要關頭，看見困難就會馬上退縮，他們害怕遭受挫折，害怕遇到困難自己會束手無措無法應對，久而久之就養成了膽怯的習慣。對於後來發生的一些事情，他們也就有了躲避的想法，無法正視失敗，一旦遭遇失敗，就很難走出痛苦的泥潭。因此，成功也就始終與他們無緣。

寵辱不驚，看窗前花開花落

淡定的心情，輕鬆的狀態在如今這樣一個競爭激烈的社會裡似乎已經不多了。為了生活，為了事業，我們每天都不斷的在得與失的計較中變得勢利，變得冷漠，變得斤斤計較，變得絮絮叨叨。

因為生活，我們的生命逐漸脆弱，脆弱得甚至不堪一擊。我們經受不起生活的考驗，我們接受不了沉重的打擊。因為我們過分在乎金錢、地位、名望、榮譽；因為我們過分貪婪於一切外物的誘惑之中，無法自拔。

有因必有果，種什麼樣的因必定結什麼樣的果。人生無常，一切的名利都是虛浮而又短暫的，它不會成為生命的永恆。所以，在適當的時候，我們應該該好好的反省自己，努力調整自己的心態，盡可能的讓自己處於一種平靜的狀態之中。當我們得到時，一定要好好珍惜，而一旦失去的話，就要盡可能的學著放下。我們要好好修練自己，如果能夠達到「命裡有時終須有，命裡無時莫強求」這樣的境界，那麼，我們會過得更輕鬆快樂。

從前，一位老人上街去趕集，不小心弄丟了自己騎去的那匹良種馬，左鄰右舍的人都替他感到可惜。可是老人卻不慌不忙的說：「只是弄丟了一匹馬，這未必不是一件好事。」

鄰居聽後，都覺得老人好可憐。幾天後，那匹走失的馬不但自己回來了，而且還帶回來了一匹毛色光滑的騾子。眾人見了紛紛羨慕不已。大家都以為這下老人家肯定會樂壞了，不但先前自己丟失的那匹馬自己回來了，而且還帶回來一匹騾子，真是因禍得福。誰知，看見自家的馬回來的那一刻，老人倒顯得非常的平靜，他說：「這也不見得就是一件好事呀！」

良種馬帶了騾子回來之後，老人的兒子天天騎著騾子在自家的院子裡玩，結果一不小心就從騾子身上摔了下來，把腿摔斷了。鄰居們知道後，都跑過來勸老人家，不要太傷心難過了。

不料，老人不但沒有因為此事傷心難過，反而看起來像個沒事人似的，樂呵呵的說：「或許這並非一件壞事呢？」大家簡直有點不敢相信自己的耳朵，以為老人是真的糊塗了，之後大家就一一散去了。

事隔不久，突然一場大戰爭爆發了。村子裡面凡是身體健康的年輕人都被拉去充了軍，只要是上了戰場的年輕人，最後能活著回來的幾乎沒有幾個人。而老人的兒子正是因為摔瘸了腿不用應招當兵，待在家裡平安無事的生活著。這就是後來著名的「塞翁失馬焉知非福」的典故。

我們在生活中所見到的人往往都是在不斷的追逐名利、金錢、地位。一旦他們得到了自己想要的一切，就會非常的開心，但他們卻很難接受坎坷的事情。一旦面對失去，他們就無精打采的，提不起精神，他們神情沮喪，從這些人身上可以經常看到大喜大悲。發生在他們身上的感情反差會很大，他們的感情基本上已經被外物所控制。

任何知曉佛理的人，都能明白「放下他人所不能放下的一切，是免去人生諸多煩惱的第一步。」如果一個人想要真正快樂的生活，心中必須要多一份舒適的坦然。只有那些笑著面對人生的人，才會在生活面前活得更精彩，活得更有內容。而那些在痛苦面前悲悲戚戚的人永遠也看不到燦爛的陽光。

平淡的生活固然安全，但是如果少了挫折也會顯得索然無味。真正的生活不僅需要幸福與甜蜜的陪伴，同時也需要添加少許的痛苦與坎坷，這樣才能使原本平淡的味道變得更加有滋有味。我們作為生活的主人，也是最佳的品味者，需要擁有一顆閒適的心，在安靜的環境中獨自享受。

天道無私，有一得必有一失，有順境也必定有逆境。倘若不認為得與失事關重大的話，又何必太過計較，何不笑看人生的起起伏伏呢？

「寵辱不驚，看窗前花開花落。」這是人生的最高境界。人生無常，對於只知道奮鬥而不知道享受的人來說，其實是件很可憐的事情。為了一些身外之物拚得連命都丟了的人則更可悲。

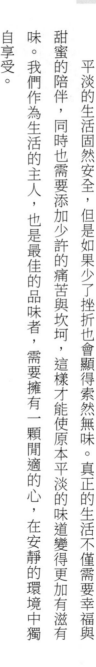

微笑面對苦難，人生總有希望

快樂的具體表現就是微笑。為什麼人總是在微笑的時候，才能感覺到新的希望與力量呢？因為微笑可以讓人產生無窮的力量；微笑可以讓人心情舒暢，精神振奮；微笑更能讓人忘記憂愁與煩惱。不懂微笑的人，也是不自信的，他們經常愁眉苦臉、無精打采、神情木訥。會微笑的人，常常雄心勃勃，目光炯炯，滿面春風。

羅伯特・菲利浦，美國的一位專門從事個性分析的專家。一天，他接待了一個叫吉姆的流浪者。吉姆因為自己創業，所開的企業出現了負債，最終被迫倒閉，不但身無分文而且還背負了許多外債。為了躲債，他不得不離開自己的妻兒到處流浪。

在吉姆向羅伯特訴說的時候，羅伯特從頭到腳打量著吉姆，發現他擁有著一雙茫然的眼神、沮喪的神態、還有看上去好像十多天未刮的鬍鬚以及充滿緊張神色的臉，這一切的表像都足以說明，他已經到了無藥可救的地步。但是羅伯特還是很不忍心對他進行心理分析。羅伯特讓吉姆坐下，並且希望吉姆能將自己的經歷完整的講給自己聽，以便自己能夠更好的幫助吉姆進行人格分析，看看是否能夠找出他創業失敗的原因。

聽完吉姆的經歷，羅伯特想了想對他說：「雖然我沒有更好的辦法幫助你，但是如果你願意的話，我可以帶你去見一個人，他可以幫助你賺回你之前損失的錢，並且還很有可能協助你東山再起。」

說完之後羅伯特就拉著吉姆的手，帶著他來到了自己從事個性分析的心理實驗室裡。進了實驗室，他們徑直走到了一塊窗簾前。這時羅伯特把窗簾拉開，結果在他們眼前立刻出現了一面高大的鏡子。只見羅伯特指著鏡子裡的吉姆說：「就是這個人！在這個世界上，只有他才能使你東山再起。你應該靜下心來，清清楚楚的去認識這個人，就當作你從前並未認識他。否則，你就只能跳密西根湖了。當你還沒有對這個人做到更深刻的認識之前，你對於這個世界來說，就是一個沒有任何價值的廢物。」

羅伯特說完之後，吉姆便朝著鏡子的方向走了過去。這時的吉姆伸出手摸著自己長滿鬍鬚的下巴，對著鏡子裡的人從頭到腳打量了好長時間。之後退後幾步，蹲下身子，低聲的哭泣起來。羅伯特見狀，便輕輕的走到吉姆身邊，慢慢扶起他，並且送他離開。

三個月之後的一天，羅伯特在街上碰到了一個人，對，這個人就是吉姆。他不再是一個流浪漢的形象。這時的他與前兩個月的時候完全不一樣。現在的吉姆已經西裝革履，步伐輕快而有力，走在路上也是昂首闊步，原來的那種衰老、不安與緊張已經完全消失了。他非常感謝羅伯特先生，是羅伯特讓他更好的認識了自己、找回了自己，並且很快的找到了新的工作。後來的吉姆真的東山再起，並且還成為了芝加哥的富翁。

人生偶爾的失意，也許能成為人生的一面鏡子，讓人看到自己的不足與缺點，但是絕對不足以導致這個人走向澈底的墮落與失敗。而此時的微笑，也許就像一條鞭子，只要能及時的抽打幾下，那麼一定能夠讓那個失意的人清醒的看到自己的問題所在。微笑可以讓任何處在困難或者逆境中的人重拾信心，戰勝困難。

微笑的向人問候，雙方是完全可以感受得到的。如果人人都能夠做到微笑待人，微笑做事的話，相信大家都可以感受得到人間的溫暖與真情，這種溫情足以使人充滿生活的力量，也足以讓人信心倍增。

微笑的力量是強大的，微笑可以改變一個人的內心世界。微笑讓脆弱的人看到希望並變得堅強；微笑讓痛苦的人找到勇氣並變得樂觀；微笑讓自卑的人看到信仰並變得自信；微笑讓努力的人看到信念並變得更加堅持，微笑的魅力總是那樣無窮無盡。

每個人都應該試著以樂觀堅強的態度面對一切。只有微笑著迎接生命中的每一天，才不會被陰霾的心情所籠罩。只有微笑著面對明天，才能夠更有力量的奔向前程。只有微笑，才能讓一切艱難險阻變得渺小。只有微笑，才能讓我們看到人生更美好的希望。

猝然臨之而不驚，無故加之而不怒

泰然自若的狀態是每一位渴望成功的人最想擁有的心態。他們渴望獲得人人都羨慕的地位與名望，但是他們更想獲得自我內心的強大。只有內心強大的人才有足夠的勇氣戰勝一切。

也許當我們還是一事無成的時候，或多或少的會對我們自身的能力有所懷疑，有時甚至可能被深深的自卑所打敗。感覺生活枯燥、無聊、痛苦；所有的一切似乎都沒有什麼色彩。而一旦自己有所成就或者取得成功的時候，原本的自卑與痛苦感也許會一下子煙消雲散，這時候你可能會找到內心的平衡點。思想會變得更加輕鬆、樂觀、豁達，生活也能隨之變得更加完美。

內心的強大不但足以應付外界的重重打擊，更能夠讓自己在失敗的陰霾中永保自信。失敗只不過是一次小小的、偶然的挫折而已，他並不會影響到人生的最大快樂。

人生其實就是一次不長不短的旅行，在風雨兼程的旅途上，當然不可能一帆風順。有的人在風雨兼程中，愁腸百結；有的人卻時常生活在陽光明媚的日子中，臉上總是掛著最美的笑容，坦然面對人生的風風雨雨。

筱婷與葛琳是一對很要好的朋友。他們從小一起上學，放學一起回家寫作業。可是後來筱婷的媽媽生了一場大病，幾乎花光了家裡所有的積蓄。因為經濟的窘迫，筱婷後來也早早的退學回家，找了份工作以幫助爸爸分擔一些家裡的日常開銷。後來，在爸媽的勸說下，筱婷不得不選擇結婚。

葛琳知道後心想：筱婷現在肯定很憂愁，她一定會被婚姻折磨得遍體鱗傷。可是後來當葛琳去看筱婷的時候才發現，筱婷居然一副很滿足的樣子。儘管筱婷結婚的時候並不愛自己的丈夫，他們之間根本來不及互相了解，更談不上有感情的存在。可是在葛琳眼前出現的這個女子卻說：「她有一個愛她的丈夫，還有一個他們都愛的孩子，這就是我一輩子的幸福了。」

時間總是在人們不經意的時候流過，很快的就是三年。三年後的一次同學聚會上，葛琳從其他同學口中知道了筱婷現在的生活，原來她的丈夫在一場大病中永遠的離開了她和兒子，而後來唯一的親人——兒子，也因為出了事故而進了監獄。

可是當葛琳再次踏進筱婷家的時候，她並沒有看到筱婷的脆弱與無助。眼前的筱婷竟然成為了當地一家小有名氣的托兒所所長。丈夫與兒子的相繼離開，使她變得更加的堅強與自立。她不但沒有被這突如其來的家庭變故所壓倒，反而在這巨大的挫折中堅強的站了起來。她將自己對兒子的愛全部傾注在了她所帶領的這些孩子身上，將一個做母親的心全部灌注在每一個小朋友的心中，在她的眼中流露出的是滿滿的幸福。

如果別人能把你的財產、權位或者感情拿走的話，那麼這些都不足為重，因為能夠被別人輕易拿走的東西肯定不是最珍貴、最重要的，都只是些身外之物，沒有必要因為這些小東西而斤斤計較。在越來越多的得到與失去中我們可以端正自己的心態。即使出現了一些讓我們猝不及防的打擊或者痛苦，我們也能夠坦然的接受並且盡自己的全力去解決。

是的，正因為每個人的生命都會遭遇到各種不同的狀況，有順心的，也有煩心的；有快樂的，也有煩惱的；有公平的，也有不公平的；有光明的，也有陰暗的；有積極的，也有消極的；有從容淡定的，也有急躁不安的。但是我們每個人都應該在自我精神的認識上予以最好的肯定。在任何時候，無論是遭遇困境，還是身處順境，都要培養自己泰然處之的心理素養，時刻都要明白活著本來就是一種幸福。

總之，不管在什麼時候都要努力讓自己達到「猝然臨之而不驚，無故加之而不怒。」的境界。還要讓自己始終保持「誰也別想把黑暗放在我面前，因為太陽就生長在我心底。」的積極樂觀的心態。如果可以做到這兩點的話，相信每個人的世界，都會出現陽光明媚的春天。

感謝折磨你的人

凡是一個具有遠大抱負，並且又有相當才華的人，他們在實現自己目標的時候，一定會接受來自各方面的批評，也總是能夠忍受種種的煎熬。即使會有人千方百計的刁難或者是折磨他們，也不會擊碎他們最初的夢想。在他們的心底，成功的動力是巨大的，沒有什麼可以阻止他們前行，至於磨難，他們會選擇堅強的忍耐。

很多時候，我們都比較仇恨或者討厭那些與我們為敵或者公然對我們有所挑釁的人。因為他們的出現有時候會讓我們顏面盡失；因為他們的出現在某些場合讓我們無地自容；因為他們讓我們手足無措；因為他們讓我們面紅耳赤；因為他們讓我們更加惶惶不安。因為他們不斷的施加壓力給我們。

其實，很多時候我們只是看到了讓我們感到羞辱的表面功夫，並沒有真正發掘出內在的力量。也許正是因為來自別人不斷的挑釁、批評、責罵、折磨，才不斷的加強了我們接受考驗的承受力。從前脆弱的心智以及弱不禁風的心態讓我們害怕來自各方的負面聲音，哪怕只是小小的批評，都有可能摧毀我們的自尊心，讓我們受不了。這種狀態又怎能去做大事呢？而做大事的前提就是必須經受住巨大的考驗。首先要能「忍」。許多人總是心浮氣躁，面對一些小小的挫折就已經被嚇得不知所措，更別提要承受什麼大的考驗了。歷史上傑出的軍事家韓信最後的功成名就也許還要拜謝那位賜予他「胯下之辱」的屠夫。

漢初時的名將韓信，在他年輕的時候，家境比較貧寒，而韓信本人又不屬於那種會溜鬚拍馬，盡講好話給人聽的人。無論是他為官從政，還是經商做買賣。幾乎都不會投機的那一套。他整天只顧著自己靜靜的研讀兵書，無心處理其他方面的事情，有時候甚至連一日兩餐都無法保證。後來迫於生活的無奈，他只好背上家傳的寶劍，沿街乞討。

一日，韓信背著自己的寶劍在街上行走。這時，迎面走來了一群惡少，他們攔住了韓信的去路，並且當眾羞辱他。其中有一個長得非常魁梧的屠夫帶著一種鄙視的口吻對韓信說：「你雖然看上去又高大又威猛，還喜歡佩刀帶劍的，但充其量也只不過是個膽小鬼罷了。你如果真有本事的話，你就用你的刀劍來刺我。如果你不敢的話，那麼你就乖乖的從我的褲襠底下鑽過去。」說罷一陣大笑，並且還將自己的雙腿打開，蹲了個穩穩的馬步。

這時的韓信自知形單影隻。他認真的打量了一下屠夫，想了想，居然真的彎腰趴地，當著許多圍觀的人的面，從那個粗魯的屠夫褲襠下面鑽了過去。令街上圍觀的眾位百姓哈哈大笑。而韓信的這次鑽褲襠事件也就是後來史書上記載的「胯下之辱」的典故。

從那之後，韓信忍氣吞聲，在家閉門苦讀。幾年後，各地紛紛爆發了反抗秦王朝統治的起義，而學習了兵法很長時間的韓信聞風而起，仗劍從軍，爭奪天下，威名遠揚。

在韓信功成名就之後，還曾專程找過當年那個讓自己鑽褲襠的屠夫。當時那位屠夫害怕極了，原本以為韓信是來殺他報仇的。可是，令他萬萬沒想到的是，韓信非常善待屠夫，他還非常感激的對屠夫說，如果沒有當年的「胯下之辱」，也就沒有今天的韓信。

韓信因為「忍胯下之辱」而創蓋世功業，成為千古佳話。如果當初的韓信不能夠冷靜對待嘲諷，一時衝動，一劍刺死了羞辱他的屠夫的話，按照當時的法令，韓信的後果將是以蓋世將才的貴命抵償了一個無知狂徒的賤命。如果韓信為了圖一時之快，與淩辱他的屠夫死命鬥毆的話，無異於棄鴻鵠之志而與燕雀相爭。韓信深深的明白這個道理，所以他寧願忍一時的羞辱，也不願因自己的衝動而去爭一時的長短，毀棄自己將來的美好前程。

如此的屈服，不是懦弱的退縮，而是在漂亮的退讓中另尋蹊徑；如此的忍讓，不是逆來順受、甘為人奴的怯弱，而是委曲求全保護自我的良策。一旦等到時機成熟，他就猶如水底的潛龍翻騰而起，施展才幹，創建功業，一發而不可收拾。

俗語中有「世上無難事，只怕有心人」。對於那些有心人來說，折磨也只不過是成功路上的小小考驗。而內心的寬闊就是成就一番事業的必備條件。成功的道路不可能是暢通無阻的康莊大道，它也許是崎嶇不平的羊腸小徑，只要有足夠的耐心去迎接前方的彎彎曲曲，就一定能夠看到後方筆直的大路。

在成功之前，善待那些不斷給你批評或者為難你的人，感謝那些曾經刁難甚至是折磨過你的人，因為他們的存在，才歷練了你的心智，堅定了你的步伐，鼓足了你的士氣，強化了你的耐心；因為他們讓你不斷認識自我、改造自我；因為他們讓你不斷的尋找成就自我的正確道路。所以，你今天的成功一定離不開他們的鞭笞。那麼，既然我們已經成功，那就懷著一顆感恩的心去謝謝他們，謝謝那些曾經給過我們折磨或者磨難的人們。

誰笑到最後，誰笑得最好

曾經根本就不理解「大勇若怯，大智若愚。」的深層含義。後來在詞典中找到了「大智若愚」的意思，講的是有些人本身就具有那種後發制人、出其不意的能力。原本或許膽大如斗的人，但是表面上卻表現得膽小如鼠；本身已經具備足智多謀的條件，卻在表面上讓人覺得寡言少語，甚至有些木訥。他們明智卻示之以愚，實強卻示之以弱，實能卻示之以不能，大用卻示之以不用，其真正的目的只不過是為了蒙蔽對方，爭取主動，最後才能取得更大的勝利。

三位來自日本航空公司的代表正與美國的一家飛機製造公司進行商業談判，買方是這家日本航空公司。而美國飛機製造公司為了抓住這次最佳的商業機會，根據自己公司的優勢，挑選出了全公司最精明能幹的高級職員臨時組成了銷售談判小組。

談判正式開始的時候，日美雙方都沒有像常規談判那樣直接交涉相關問題，而是先由美方展開了己方產品的宣傳攻勢。提前做足了準備的美方在談判室裡掛滿了本公司產品的圖像，並且還印刷了許多全面的宣傳資料與精美的手冊。除此之外，他們還用了近三個小時的時間以及三臺全新的投影機，放映了好萊塢式的公司介紹。

美方飛機製造公司這樣做的目的無非是要不斷的增強自己的談判實力。但是在整個放映的過程中，日方代表們卻表現得相當冷靜，他們只是默默的坐在裡面，全神貫注的觀看。

放映剛一結束，美方的高級主管喬恩就站了起來，他打開燈，此時，在他的臉上洋溢著得意的笑容。這時，只見喬恩轉身走向日方的代表，而此時三位代表的表情顯得有些遲鈍與木訥。喬恩信心滿滿的詢問那三位代表：「請問，你們如何看待我們公司的產品？」

不料，其中的一位日方代表不緊不慢的說：「我們還不懂。」這句話剛一出口，喬恩臉上的笑容一下子就消失的無影無蹤了。喬恩強壓住內心的怒火接著問道：「你們說不懂，這是什麼意思？哪一點你們還不懂？」這時，另一位日方代表微笑著答道：「我們全部都沒弄懂。」

已經是很生氣的喬恩只能再次克制住自己的怒火，繼續問道：「那麼，請問三位從什麼時候開始你們不懂？」日方的第三位代表嚴肅認真的說：「從你們關掉燈，開始放投影簡報的時候起，我們就不懂了。」而此時的喬恩已經感覺到了嚴重的挫敗感。

為了這筆生意能夠合作順利，更是為了豐厚的商業利益，喬恩再次耐著性子，又重新播放了一次幻燈片，這次的速度也比之前要慢許多。幻燈再次播放結束後，喬恩強壓著怒火，急切的詢問日方代表：「怎麼樣？這次總該看明白了吧？」然而，只見那三位日方代表依舊面無表情的端坐在位子上，一起茫然的搖搖頭。

這次的喬恩真的是一下子洩了氣，他有些不耐煩的依靠在牆邊，用力的鬆開那條價值昂貴的領帶，似乎有些氣急敗壞的說：「那麼，那麼……那麼你們希望我們做些什麼呢？既然我們所做的一切你們都不懂。」

這時，其中的一位日方代表輕輕的站了起來，他慢條斯理的將他們願意購買的條件分別講了出來了。而這時喬恩的思想混亂，對於日本代表的要求，在他模糊的意識裡似乎都十分合理，根本沒有什麼不合適的地方，看來他們也是帶著誠意來談判的。就這樣，喬恩稀裡糊塗的就與對方簽訂了雙方都覺得「合理」的購買合約。

最終的結果是，喬恩所代表的美方飛機製造公司並沒有拿到自己想要的利潤，而日本航空公司卻是大獲全勝，他們的談判成果之大，是他們有史以來談判最為成功的一次。喬恩的信念被三位日方代表「以靜制動」的談判策略給澈底摧毀了，也澈底的擊碎了喬恩的銷售心理防線。

大智若愚的表現不僅可以將「有為」示作「無為」，可以用聰明裝作糊塗的大智慧去應付對方。必要的時候，可以靜默著保持自己的立場，等待無法挽回的局面出現更好的轉機之時。那些大智若愚的人一般不會輕易將自己的過人之處顯露出來，只有在最為關鍵的時候，才會為了維護自己的權益或者更好的保全自己而展示出來。在他們的腦海裡，永遠都有「誰笑到最後，誰就笑得最好。」的成事理念。他們更能深刻的知曉如何更好的掌握與人周旋的策略。他們常常會用「糊塗」來 擾亂對方的視線，以獲取最終的成功。

第九章　進退不憂，成敗不亂

世間，所有心態良好的人，都會有許多的共同點，那就是：不煩惱、不悲傷、不憂愁、不恐懼、不失意、不絕望、不慌張。

這些心態良好者不但可以居廟堂之高，也能夠處江湖之遠；不但可以引領時尚的潮流，也能夠融入傳統的禮儀之邦；不但可以享受榮華富貴的奢侈，也能安度平平淡淡的清閒；他們既能在成功的巔峰馳騁，也能在失敗的溝壑行船。他們是自我心態的主人，無論何時何地，他們總是快樂多於憂愁，輕鬆多於壓抑，自由自在多於禁錮束縛。當他們面對變幻無常的世事，始終可以保持「進退不憂，成敗不亂」的高雅姿態。

順其自然，才能水到渠成

成功人士所收獲的事業或者成就，並非短期努力所能達到，這個結果是他們付出了太多的艱辛與磨難換來的。事實上，每個人所擁有的大智慧、大機遇、大學問以及大事業，通通不是一蹴而就的。

常言說得好：「欲速則不達。」做人也一樣。如果還沒走幾步就想著快跑的話，在前面等待自己的無疑將是個大大的跟頭。想要取得一定的成就，必須先得學會積累，忍耐，步步為營。凡成大事者，都應盡力戒掉「急躁」二字，只有踏實的行動才足以開創成功的人生。急躁可能會使人失去清醒的大腦，在每個人奮鬥的過程中，急躁一旦充斥在這個人的思維當中，就不可能使這個人進行正確分析，制訂正確前進的方案。

做人也要講求有良好的策略，做到一步一個腳印，穩步前進。所以，任何想要成就大事的人，必須不斷加強自己的內心修養，盡自己最大的可能扼制住急躁的心態，順其自然，踏踏實實做事，才會達到自己的最終目標。

春秋戰國時期有個楚國人叫養由基，善於箭術。他擁有百步穿楊的好本領。據說，甚至連深山密林中大大小小的動物都知道養由基的本領。一日，兩個小猴子正抱著柱子上躥下跳的嬉戲玩耍，玩得很是開心。這時楚王看見了這幾隻猴子，於是便張弓搭箭想要去射牠們，可是猴子看見後，絲毫沒有慌張，還對著楚王一行人扮起了鬼臉，依舊在柱子上來回蹦跳自如。這時，養由基走過來，接過了楚王遞過來的弓箭，只見剛才囂張的幾隻猴子立刻尖叫著抱在一起瑟瑟發抖。

知曉了養由基的箭術如此了得，一個叫王玨的人決心前去拜師學藝。養由基剛開始的時候一點都不願意收徒弟。但是王玨幾次三番的請求，無奈的養由基終於答應了王玨的請求。剛開始的時候，養由基只是交給王玨一根很細的繡花針，讓他放在離眼睛幾尺遠的地方，整天盯著針眼看。一直非常敬佩養由基箭術的王玨很聽話的一直盯著繡花針的針眼看了兩三天，之後有點疑惑的王玨問老師養由基：「我是來學射箭的，可老師為什麼總是要我做盯著針眼看這樣無聊的事情，什麼時候才能教我真正的本領？」

養由基笑著說：「這本來就是在學箭術，你繼續看吧。」

王玨滿心的疑惑，無奈中，他又繼續盯著針眼看了幾天。可是過了沒多久，他又有些不耐煩了。他想：我是來學射術的，看這小小的針眼能看出什麼名堂來？老師不會是在敷衍我吧？後來，養由基又讓王玨一天到晚的雙手捧著一塊大石頭，而且還必須把手臂完全伸直。這個看似簡單的動作做的時間久了是很累的。這個時候王玨心裡又犯嘀咕了：我只是想學他的射術，可他為什麼又讓我端這麼大的一塊石頭？

心裡覺得特別委屈的王珏，終於因為不能理解養由基對他的用心而氣憤的離開了。養由基見他無心接受自己的教導，也就由著他去了。後來王珏又跟著其他的老師去學藝，可最終因為自己太過急於求成，沒能學到射術，反而白跑了許多的地方。

如果王珏能夠腳踏實地，不好高騖遠，從一點一滴做起，相信他在箭術上一定會取得很大的進步，也一定能夠有所作為。

只要順其自然，不違背事情發展的規律，就一定能夠看到水到渠成的結果。這就跟農民種地收糧食，學者積累經驗學問是一樣的。鳥媽媽在孵化自己的鳥寶寶的時候，牠們會用自己的體溫晝夜不停給自己的孩子供給溫度；而燕子在建巢築穴的時候，牠們每天一點一點的用嘴銜來泥巴，累積成自己可以安身的窩巢。這也就是所謂的慢功夫。

曾國藩主張的就是「緩字取勝」的成就理念。用通俗一點的說法其實就是「慢工夫」。慢工才能出細活，做人做事也應該這樣。在一心追求成功的過程中，千萬不可求快，因為過快的話容易摔倒的；當然也不能太慢，太慢了就會被別人搶了先機。想要成事的時候，一定要掌握好快慢的節奏。只要牢記「欲速則不達」的做事道理，相信一定能在慢工夫中突顯真功夫。

隨著現代生活步伐的不斷加快，導致了人們心態上發生了非常大的變化，大家都迫切的想要追求名利。許多人在無形中加入到了急功近利者的隊伍。他們急切的追求短期成效而忽視了長遠影響；過於追求眼前利益，而忽略了長遠利益。結果，想要追求的不但沒有追到，還丟失了自我的本色。

得意時不張揚，失意時不頹廢

被譽為西班牙文學世界裡最偉大的文學家賽凡提斯曾經說過：「美麗只有與謙虛結合在一起，才配稱為美麗。沒有謙虛的美麗，不是美麗，頂多只能是好看。」說得多好呀！真正的美麗是不需要太過張揚就能盡顯其中。低調、謙虛其實對於每個人來說，都是一筆不小的財富。但是，人在失意的時候也千萬不可以自我放棄，這樣只會讓自己在頹廢中變得越來越軟弱，越來越無能。

古人說得好：「滿招損，謙受益。」一個懂得謙遜的人，他的人生是沒有止境的，他的事業發展也是沒有邊際的，同時他的知識面也會變得更加廣博。為了不斷的激發人們的潛能，為了不斷的開啟人們的處世智慧，有人不斷的繼續前行在探索發現的道路當中。俄國著名的作家列夫·托爾斯泰也曾經打過一個很有意義的比方：「一個人就好像是一個分數，而他所具備的實際才能就好比分數中的分子，而他對自己的估價就好比分數中的分母，分母如果越大的話，那麼，分數的值就會越小。」這樣的比喻，讓人們可以顯而易見的了解其中的道理。

無論一個人本身具有多麼豐富的知識，也不管這個人曾經是否取得過很大的成績、擁有過顯赫的地位，只要他能夠正視自己所擁有的一切，能夠謙虛謹慎的面對人生，而不是因為自己有了一點點的成績就自視清高。這樣的人，就非常值得我們去學習、去尊重。一個人心胸的寬廣關係著他是否能夠廣納眾長；一個人不斷的學習意味著他是否能夠不斷的拓展自己的視野；如果這個人能夠在不斷增強自我本領的同時還能夠創造出更大的成就。那麼，這樣的人無論是對自己，還是對他人或者是對社會都是有益而無害的。

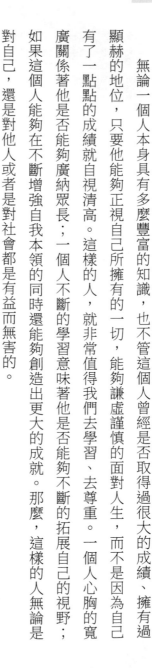

古希臘著名的大哲學家蘇格拉底，他自己不但才華橫溢，而且還喜歡激勵後進者，他不斷的運用著名的啟發式談話的方式來啟迪人們的智慧。每當有人讚揚他淵博的學識或者超群的智慧時，他總會非常謙遜的說：「我唯一知道的就是我自己的無知。」世界著名的音樂大師貝多芬也像蘇格拉底一樣的謙遜，曾不止一次的對那些讚揚他的人說：「我只是學會了幾個音符而已。」

對於任何人來說，只要具備一定的社會閱歷，或多或少就會具備一定的察言觀色的能力。經歷了世事的洗禮，他們更能夠在自己得意的時候學著低調，更能在自己失意的時候調整出最積極的一面。他們可以在自我承受的範圍之內不斷調整自我情緒的變化，並且還能將自己的喜、怒、哀、樂好好的收藏在自己的心裡，不會輕易的拿出來讓別人看。如此一來他們就能很容易的控制自己，而不被別人鑽漏洞，也不會輕而易舉的將真實的自己暴露在外人的眼裡。

唐代最大的奸臣李林甫就是一個善於隱藏自己真實的意圖，而又城府極深的人。

一天，安祿山得到了李林甫的緊急召見。等安祿山急匆匆的趕到李宅，拜見過李林甫之後，便端坐於客位之上，很明顯的擺出一副盛氣凌人的樣子。而見此狀後的李林甫並沒有表現出什麼不悅的神色，他只是用自己的兩隻小眼睛死死的盯著安祿山看，一句話也不說。

安祿山似乎意識到了什麼，他忽然轉過頭看李林甫，只見李林甫目光深邃、咄咄逼人，這讓他感到極不舒服，此時的安祿山剛來時的盛氣凌人也因此削弱了一半。這時，李林甫轉身告訴身邊的下人，讓下人傳話下去宣召王珙大夫進見。

不一會兒的功夫，王珙就來到了屋前。只見王珙邁著自己細小的步伐走上前來，十分謹慎小心的向李林甫行大禮參拜。他小心翼翼的回答著李林甫提出的每一個問題。似乎很害怕自己說錯一個字似的。

而當時的王珙在朝廷中的實際身分與地位是僅次於李林甫的人物，從地位上來說，他應該是與安祿山平起平坐的。但是安祿山眼前的王珙卻對李林甫如此敬重與畏懼，看到這裡，安祿山頓時覺得有些窘迫，儘管他並沒有馬上起身補行大禮，但是他卻比起之前氣勢有所收斂了。他開始變得有點拘謹，連大氣也不敢出一聲。

之後，李林甫令王珙退下，便與安祿山敞開心扉的說話。他將安祿山的所作所為以及安祿山的心理活動猜的非常準確，幾乎全部說到安祿山的心裡去了。這簡直讓安祿山大吃一驚，沒想到自己內心深處的東西竟然被李林甫全部說中，而此刻的安祿山心中的感受真是難以言表，他開始有些坐立不安了。

自此之後，安祿山原本囂張的氣焰一下子收斂了許多，他再也不敢在朝廷內外詆毀或者放出一點有關李林甫的風聲，因為他非常懼怕李林甫。後來，朝廷分別出現了以李林甫與楊國忠為首的爭權派。因為楊國忠的背後有楊貴妃在撐腰，所以從氣勢上看略占上風。當楊國忠聽到風燭殘年的李林甫已到了生命垂危之際時，心中暗自竊喜。

為了探聽這一消息的虛實性，楊國忠親自來到李林甫的家中探望。楊國忠到了李府之後，看見李林甫面色憔悴，但犀利的目光依舊，楊國忠不由得跪倒在李林甫的病床前。

李林甫見狀，似乎觸動了內心最脆弱的神經一般，痛苦的流下了兩顆淚珠對楊國忠說：「林甫馬上就要死了，我死後你必當宰相，以後我的家事還要託付於你。」而早已領教過李林甫厲害的楊國忠，深知李林甫的城府之深，又害怕遭到李林甫的設計陷害，所以緊張極了，他滿頭大汗，竟然半天都說不出話來。

擁有大智慧或者大聰明的人，一般都不會隨意的將自己的情緒表現出來，以免被別人看出破綻，予人以可乘之機。越是精於權術的人，城府就會越深。如果不想被小人算計，就應該學會將自己的得意與失意很好的隱藏起來，要盡可能的做到「得意而不張揚，失意而不頹廢。」

退不憂，敗不亂

一個信心滿滿的人，必須有足夠的力量促使他不斷的昂首向前。即使有了退步或者出現失敗的現象，他也不會因此而感到憂慮或者慌亂。對於那些習慣了在成功的光環下生活的人，他們已經能夠很坦然的對待自己面臨的一切榮耀。

鍾彬嫻，雅芳公司的女總裁。她的母親本身就是一位充滿氣質又非常完美的職業女性。在她母親還很年輕的時候，就在加拿大的多倫多大學讀書，在當時的那種環境下，她是班裡唯一的一名學習化學科系的女生。

之後鍾彬嫻的母親成家立業並且有了鍾彬嫻之後，她非常希望自己的女兒也能像她一樣成為一個自信自立的人。所以，她常常教導鍾彬嫻說：「男孩子能做的事，女孩子也絕對能做。只要努力，女人無論在哪個領域都能到達頂峰。」

成年之後的鍾彬嫻也永遠的記住了母親的這番肺腑之言。在雅芳公司不斷努力與拚搏，一步步的獲得了事業上的成功，並被美國的《財富雜誌》，評為全球最具影響力的一百位女性之一。

當然，在鍾彬嫻獲取事業成功的道路上，也曾遭遇過很多的困難與阻力，比如，因為她的年輕、因為她的性別而遭到其他行業或者本行業前輩的冷眼。但是，因為她時刻銘記著母親的那句足以激勵她一輩子的話，她並沒有因為遭遇這一點點的困難就早早的放棄，她所表現出的是「退不憂，敗不亂」的鎮定以及不斷向前的勇氣。

一個人只有先肯定了自己，才能說服別人來相信你；如果連自己都不相信自己，那麼無論如何都不會得到別人的認可與肯定，這是非常關鍵的自我肯定心理調試。在失敗中不斷的總結累積經驗，才能夠找出更為正確的做事方法。

凡是自信心很強的人，他們都能夠表現出一種很強的自我意識。因為這種意識可以不斷的激發他們的鬥志，以便更好的促進他們成長、成熟。試問：世界上大多數的失敗，是否全部來自外部世界所帶來的阻礙或者造成的限制呢。並不是這樣的，很多時候都是來自於人們內心的怯弱與不堪一擊的心態。人生最大的收穫是在痛苦中變得堅強，在磨難中變得更加勇敢，在歷練中變得逐漸成熟。心態稚嫩的人，不管在什麼時候都會害怕，擔心成功帶給自己的不是掌聲，而是嫉妒；害怕失敗只會將自己拖進萬丈深淵，永無出頭之日。所以他們很喜歡鑽牛角尖，凡事不知道變通。

在磨難中心態變得成熟的人，不會把外界的名利看得太重，更不會把事情的結果看得太重。他們更喜歡具有挑戰性的東西，即使面對失敗，他們也會從中尋找更有價值、更有意義的東西。他們會相信：人生在世就應該坦然，做到寵辱不驚。

唐朝名將郭子儀，因為當初在平定安史之亂之中英勇善戰，曾為唐朝政權的鞏固立下了汗馬功勞。因此，唐肅宗時封他為汾陽郡王，唐代宗也十分慷慨的賞他丹書鐵券，即使郭子儀犯了大罪也可得到赦免死罪的優待。

而唐德宗也賜郭子儀「尚父」的稱號，而不是直呼其名，以此表示對他的尊崇。受到如此厚愛的郭子儀卻從來都不因此而居功自傲，更沒有因為自己的功高權重而向任何人索要特權。甚至唐代宗任命他為尚書令的時候，他竟然是一再推辭的說：「這是過去唐太宗曾擔任過的官職，所以後來諸帝都不設置此官，怎可讓我來破壞這個規矩呢？這些年來，由於戰爭，加官晉爵很慢，如今叛亂稍平，應當審查整頓，請從我老臣做起。」

唐代宗聽到郭子儀如此有道理的言辭，也不好執意強加予他，便也只能到此作罷。而郭子儀向來都是非常擁護朝廷的，在各種叛亂的鎮壓過程中也是非常盡心盡力的，為了維護國家的統一做出了很大的貢獻。

郭子儀不會因為一時得志而興奮到完全忘我的程度，也不會因為一時的中落或者失意而悲從中來，更不會因為世事的不平而萎靡頹廢，一蹶不振。他所具備的是一種大氣的心態與胸懷。成功者尚且如此，我們更應該從他們的身上學習做人做事的基本品質。並且還要盡可能的排除一切干擾，專心致志的朝著自己的目標前進。

人生總有起與落，上臺總有下臺時

人生在世總有起起落落，上臺必有下臺時。「功成身退，天之道也。」當一個人取得了事業的成功之後，一定會想著全身而退，為自己尋找更好的退路，這也是做人當官的正常規律，所以，人不可以過分迷戀於權勢與地位。

其實人生就像演戲，人生所遭遇的起起落落就像舞臺上的開幕謝幕一般，當你以自己最美麗的妝容出現在觀眾面前的時候，也許是在扮演著某個角色，只不過生活中的我們是在扮演著自己而已。而一旦到了閉幕的時間，舞臺上那個漂亮的扮演者也就只能卸妝撤下舞臺，回歸真實的自己，成為一個普普通通、平平凡凡的人。

好歌數不清的「一代香港歌王」羅文，演繹武俠劇主題曲是他的長項，《小李飛刀》、《蕭十一郎》、《絕代雙驕》等多部經典武俠片中，一個個風流倜儻、快意恩仇的武俠人物竟然在羅文的歌聲中變得栩栩如生。

羅文有著高昂如山的情感、波瀾如海的音域、鏗鏘如刀的歌喉使他成為武俠主題曲最完美的演繹者，是其他任何人都無法代替的，因為他還具備著得天獨厚的戲劇素養。在一九七〇年代的時候，他曾與沈殿霞一起合作「情侶合唱團」，就在那個時候，兩人風靡整個東南亞。

羅文在《射雕英雄傳》中演唱的《鐵血丹心》成為了家喻戶曉的經典曲目，那個時代的大人小孩幾乎都能哼唱幾句。一九八三年的時候，羅文還獲得了「香港十大傑出青年」的殊榮。當年在工人體育館的春晚現場時，看到羅文載歌載舞出現的時候，不知道有多少觀眾歡呼著。

而有些事情總是在人們出乎意料之外的時候突然發生。二〇〇一年的時候，經醫院診斷得知羅文患了肝癌，但堅強的他依然堅持與癌魔搏鬥。但是十月十八日晚上的時候因為病情急轉直下，被送入醫院之後他在中午就病逝了。很多人都無法接受這個事實，多麼有才華的年輕人，竟然這麼早的就離開了。

其實，人生就是這樣的。沒有誰可以改變生命的軌跡。有些事情的發生是我們根本無法挽回的，即使自己再如何的努力都無濟於事。就像人從一出生開始就已經開始了自己戲劇性人生的登場，直到離開的那一天。

我們雖沒有得到一定的權位，也無法領略眾星拱月的感受，卻獨有一份真實而又低調的驕傲。如果我們沒有絲毫的名氣，也就不會被更多的人瓜分掉自己寶貴的時間，也根本無需往返在不必要的應酬與禮尚往來的交換之中。

也許我們沒有漂亮對象的青睞，但是我們擁有最珍貴的那份關懷；也許我們沒有英俊的臉龐與吸引更多人的追求，但是付出真情的那個才是一輩子的瑰寶；也許我們沒有顯赫的家室，但是溫馨的小窩裡卻有著世間最溫暖的情感。

世界上所有的事情都是相輔相成的，在擁有中一定也會體會到失去的滋味。只有將人生的鏡頭調整到一個完全不同的角度，才會看到最奇妙的結果。在我們的身邊，太多的人總是過分的患得患失，他們把個人的得失看得過重。從而使得他們變得斤斤計較、心胸狹隘、目光短淺。

人生總有會有得有失，一個人如果能將個人的得失置於腦後的話，那麼，他肯定可以更輕鬆的看待身邊發生的所有事情。

很多時候我們在觀看舞臺劇時，常常看到臺上有謝幕下來的演員，臺下也有定妝上臺去繼續表演的「觀眾」。其實，臺上臺下，生、旦、淨、丑角色的不斷轉變讓戲裡戲外的生活更加精彩。所以沒有必要因為一時的處於臺下而鬱鬱寡歡，調整好自己的心態，努力看清楚世事的變遷，相信也一定能夠理解「長江後浪推前浪，一代新人換舊人。」這個亙古不變的道理。

遠離浮躁心態，提高心理素養

浮躁的心態其實是一種不健康、不理智的情緒狀態。從另一個層面來看，其實就是一種不良的心理疾病。環顧複雜多變的社會，各種誘惑不斷，難免給我們的思想、心靈帶來更多的負面影響，在一定的程度上給浮躁心態的滋生提供了肥沃的土壤以及發展條件。但是這也並非絕對。一個人是否能輕易的被浮躁的心理所籠罩，關鍵在於這個人的理想與情操是否高尚，看他是否能夠掌控住自己，是否能夠堅定內心真實的自我。不為誘惑所動，也不因疑惑而感到迷茫，始終能夠耐得住寂寞。面對複雜的社會，千萬不能因此而讓自己的內心世界也隨之發生變化。需要不斷加強鍛煉的是自己「心靜如鏡」的狀態，要始終以沉穩、踏實、認真的面貌，活出最真實的自己。

然而，可能會讓我們感到失望的是，有些東西，並不是自己堅持了就一定能夠達到自己心中所想。它不會配合你的思想，也不會完全按照你的步驟進行。有時候，這種浮躁的感覺就像一陣狂野的颶風，吹散了自己內心原有的寂靜；有時候就也像老天狠狠拋下來的冰雹，擊碎了原本美好的夢想。

而如果你不去包容這些，一旦過於浮躁，就會出現嚴重的危險。這種危險如同河面上剛剛結起來的薄冰，只需要一丁點的力氣，就會在瞬間陷落下去，如果再施加力氣的話，只會看到更慘烈的結局。

盡可能的培養自己良好的心態，如果能達到「寵辱不驚，看庭前花開花謝；去留無意，望天上雲捲雲舒」般的心境，那麼世間的萬事萬物都不可能成為阻礙自己內心的不良因素，相信你一定會超脫的存活於這個世界，也必定能夠擁有一顆無人能及的平常心。

在佛家的眼裡，只有具備平常心的人才可以參禪修行。因為修行的首要條件就必須戒浮躁，所以各處的寺院都制定出了相當多的清規，需要人們潛心「修」行，還有最為重要的一點，就是出家的人都會時刻要求自己保持一顆不與人爭、不與人怒的「清」心。

炎炎夏日，開保險經紀公司的奎儒，一副時髦的打扮去海邊旅遊。來到海灘之後，他為自己尋找到一處相對比較人少的地方。這時，他看見在離自己不遠的地方躺著一位似睡非睡的老漁夫。

而那位漁夫看上去衣衫襤褸，應該是一個貧窮的人。但是從體形來說，他體格健碩，而那天也正好是一個陽光明媚的好天氣。奎儒對於這位漁夫沒有出海的行為有些不解。他走到漁夫面前對他說：「像這樣好的天氣，你若是能多出幾次海的話，那麼每天的捕魚量一定會增加，而所有的經濟收入也會相應的增加，日積月累，總有一天，你一定能夠擁有一筆可觀的財富。」

原本他只是單純的想說服漁夫多出海，多捕魚可以多掙點錢。但是自己卻沒能抑制住激動的情緒，他繼續說：「你要是能有足夠多的錢，就可以悠閒的躺在這裡，在陽光下打瞌睡，眺望迷人的大海。」而這位漁夫聽罷，哈哈大笑道：「你說的那些，難道我現在沒有擁有嗎？其實我一樣也沒少呀。我現在就是悠然的坐在海邊，吹著海風晒著太陽，難道不是嗎？如果沒有你在這裡打擾我的話，或許我已經沉沉的睡去了！」

凡事都應該有個度。人本來就是平常人，那麼平常人就應該做平常事。平常事就應該平常心對待。平常心本身就是一種境界，在達到這種境界之前，必須經歷艱辛而又坎坷的歷程。平常心不只需要有大海一樣的氣度，它還需要有穩重如山的氣場。無論是處在狂風暴雨之中的搖曳，還是面臨驚濤駭浪般的驚嚇，或者是松林翻滾般的起起伏伏。若能達到如此的胸懷，再去實踐人生，必定無所畏懼。當人們面對困難而絕不退避的時候，相信也一定可以做到淡然的面對人間的是是非非，在保持自我內心寧靜的同時，也能對理想有所追求，對生命有所敬畏。

平常心是一種處變不驚的泰然自若；也是不因榮辱而妄生喜憂的恆心；是能涵天容地的寬厚大度之心；是處世做事不勉強不逾矩的自然之心；是消除一切畏懼的自信之心；是告別浮躁緊迫的從容之心；是可以長久的感悟安然寧靜的返璞歸真之心。

這些道理其實也是智者的智慧之言。人生苦短，名利都是身外之物，生不帶來死不帶去。不要一味的追逐名利的東西而忽略了內心真實的感受，越是注重身外之物，內心就會變得越發的浮躁。這些只會為我們增加不必要的負擔，倒不如輕裝上陣，隨遇而安，做一個平常人。

時刻保持淡然心境，閒看庭前花開花落

人們常常把寬廣的胸懷比作大海，廣闊的胸懷不但能廣納百川之流，亦不拒暴雨和冰川；也有人將耐性比作彈簧，不但具有能屈的柔性亦能有拉伸的韌性。誰如果想要在困頓與厄運面前得到及時的援助，就應該時刻讓自己保持淡然的心境。因為平時的寬以待人不但可以讓自己變得恬靜，同時也能讓別人感受到溫暖。

人與人之間應相互接納，讓更多的個體團結起來，讓大家在順境的時候一起奮鬥，在困難的時候共同患難，從而不斷加大成功的籌碼，以便創造出更多的成功機會。縱觀古今中外，凡是一些胸懷大志、目光高遠的仁人志士，無不以大度為懷；反之，鼠目寸光、斤斤計較，對無心的一句話也耿耿於懷的人，沒有哪一個能成就一番大事業，沒有一個到最後能有所作為的。

著名的文學家郭沫若本身就是一個大度的人。他雖與魯迅之間「曾用筆墨相識」，但是在魯迅逝世後，他不但沒有趁「公已無言」時前來「鞭屍」，而是勇敢的站出來捍衛魯迅精神，同時還對自己以前與魯迅的「偶爾孩子氣的拌嘴」而「深深的自責」。他也曾經誠懇的表示：「魯迅先生生前罵了我一輩子，先生死後，我卻要恭維他一輩子。」其流露出來的真情值得敬佩，他的言辭也十分感人。

豁達大度需要人們不斷的控制自己的私欲，而不是為了一己之利去爭、去搶、去鬥，也不能為了過分的炫耀自己而貶低他人。要盡量的要求自己不要過分的用苛刻的標準去要求別人，盡量的做到尊重人家的自由權利，學會更多的理解、包容他人的優點甚至是缺點。大度的人，才能擁有良好的人際關係。當遭受別人的誤會或者指責時，一定要冷靜對待，而不是一味的向別人解釋，如果堅持不休的話，只會讓事情越鬧越大。最好的處理矛盾的方法是，把自己的心胸調適到一種完全放鬆的程度。

每個人都應當培養自己廣闊的胸懷、寬大的氣度。就像大河裡生活的魚，牠們不會因為遇到一點風浪就會驚慌失措；而小溪裡的魚則完全不同，一旦出現細微的異常牠們就會嚇得四處逃竄。人也是一樣的，心胸寬廣的人，一般不會因為外物的干擾有所動搖，而對於那些胸懷狹窄的人來說，他們沒有絲毫的氣度，經常爭先恐後的與他人計較一些蠅頭小利。

市場上，水果攤主柏夫一大清早就遇到了一位比較難纏的顧客。「這水果這麼爛，一斤還要賣五十元嗎？」只見這位客人一邊說著一邊順手拿起一個水果左瞧瞧右看看。

柏夫爭辯道：「我賣的水果已經是相當不錯的了，不然您可以再到別家看看。」

這個客人又開口了：「一斤四十元吧，你要是賣四十元的話，我就多買一些，如果不降價，那我就不買了。」

柏夫也不生氣，他還是耐著性子微笑著對那位顧客說：「先生，如果以四十元的價格賣給你，那麼我怎麼向剛剛買我水果的客人交代？」

客人依舊是那句話：「可是，你的水果真的很爛。」

柏夫還是微笑著對顧客說：「怎麼會呢，只是偶爾的會出現一些小小的刮傷，但一點都不影響口感。」

不管客人的態度如何惡劣，柏夫始終面帶微笑，而且他的笑是發自內心真誠的笑，笑得是那樣的親切。

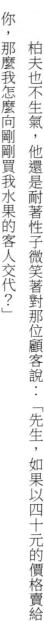

這位挑肥揀瘦的顧客終於沒能拗得過柏夫，最後，還是以柏夫開出的價格買了蘋果。而一直在旁邊的另外一家水果攤販問柏夫：「那人如此難纏，你為什麼不會不耐煩呢？也沒有頂撞回去，他那麼挑剔，你居然都能忍受得了？」

柏夫依然笑著答道：「只有真正想買東西的人才會不斷的指出東西的缺點。我如果因為沒有耐性，用幾句狠話將他頂撞回去的話，他就不可能成為我的顧客。」

這個小故事中的水果攤販柏夫正是用自己熱情的態度巧妙的處理了自己與刁蠻客戶之間的關係。他絲毫「不在乎」顧客的批評，虛心接受來自對方的責難與挑剔，而且他一點也不生氣。也許生活中的我們並不能做得像柏夫一樣好，一旦遭到別人的批評或者只是無心的一兩句話，都足以讓我們感到氣憤與難堪，更不用說能用微笑來對待了。

所以，做人就應該豁達一些，這樣才能在慌亂中做到從容自如；在憂愁中，為自己增添些許的歡樂；艱難時，學著努力頑強拚搏；得意時，低調做事，保持言行的正常；勝利時，也不會過分沉迷於勝利的喜悅當中，不會為芝麻般的小事而忙得團團轉。盡量將自己的目光投向生活中具有深度和廣度的方向，穩重的做事，從容不迫的做人。

想要成功，先從變通中改變自己

「無規矩不成方圓」這是大家耳熟能詳的句子。一旦到了為人處世的時候，講究的就是做人的原則性問題。每個人都有自己做人做事的方法，當然，不同的人也會有自己不同的特點。

在社會中，無論從事哪個行業，不管負責哪個職位，都一定要有自己的原則、自己的立場。在大事方面應該盡可能的堅持原則，不為外物所動；在小事方面一定要學會變通，通則變，變則達。在不違背原則的前提條件下對於局部的事情進行一些小小的變通或是改變，不但不會影響大局，反而可能會促成整體事情的順利發展。

冠忠大學畢業回到老家之後，找了好幾份工作，都因為自己無法很快的適應環境而不了了之。後來一次偶然的機會，他知道了養魚賣魚是個不錯的生意。於是冠忠很快的就找人來自家的農田裡進行魚池的開挖工作。

第一步的工作開展的倒是挺順利。但是到了最關鍵的時候卻讓冠忠難以決定，那就是對於養魚池底部的處理問題。有人建議在池塘底部鋪上一層磚，這樣既乾淨又能省水；還有人建議說，不能鋪磚，鋪了磚魚兒就接觸不著泥土，對魚的生長不利；還有人說……很多的建議使得冠忠苦惱不已。養魚看起來簡單，實則很複雜，而且還要投資相當大的資金，一旦自己運作不當，就會負債累累。而養魚的關鍵就是魚池的合格修建，這時的冠忠覺得左也不是，右也不是，不知道該聽誰的好。

最終的結果卻是，冠忠因為無法決定採取哪種魚塘鋪底而就此擱置下來，最終也放棄了養魚的計劃。

由此可見，我們無論是在工作、學習還是生活中，都應該持有自己的主見，如果自己無法確定自我決策的準確性，可以適當的參考來自別人的說明，但是萬萬不可全部聽信於人，必須是在自己決策的基礎上考慮別人給出的建議。

事情的進行必須建立在自己的主見之上，辦事如果沒有原則，或者經常表現出一味的遷就、順從都會對自己的決策產生不利的影響。過分的遷就別人，只會被人當成是軟弱的表現。這樣的話，在長期的遷就中自己就會失去自信。過於依賴別人，結果只會一事無成。

那些缺乏主見或者從不堅持原則的人，一般情況下都是些禁不起誘惑的人。只要別人給他們出主意，都會被全盤接受。因為思想單純的他們始終認為別人一定會好好的為自己出謀劃策，想出最佳的處理方案，所以，一旦接受了別人的思想，就根本沒有辦法去發揮自己的想像力，更不會運用自己的智慧尋找最好的解決方案。

他們的意志力也相對比較薄弱，即使剛開始還能堅持一點點自己的原則，但是一經別人三言兩語的勸說，他們的心理防線就會馬上崩潰。因此，為人處世的時候，一定要保持自我獨立的人格，一定要有自己的主見。擁有獨立的人格不僅是衡量一個人是否成熟的標誌，同時也是一個人的修養與智慧的最佳體現方式。

要做一個有思想有原則，獨立性強的人。一個能夠完全獨立自主的人，不會事事都依賴於他人。在大事方面一定堅持原則，小事方面則學著靈活變通，不僅可以天馬行空發散思維，還可以讓事情變得更加簡單易行，也可以發揮自己的聰明才智，而且還可以不斷發掘自身的潛力與智慧，我們又何樂而不為呢？

知道適可而止，才能平安長久

在某些特定的環境或者時間中，知道適可而止的好處，這才是一種積極的人生策略，而並非是消極退讓，這樣做的結果也許更能讓人處於一種平安長久的氛圍之中。

一天，盤珪禪師正專心致志的給弟子們講法誦經，突然，在下面的人群中發生了一陣騷動。

當時只見他的一名弟子抓著另一名弟子，手中還拿著一個錢袋，大叫道：「終於又讓我抓到你偷錢了。」說著就把小偷拖到了盤珪禪師的面前，激動的說道：「師父，上次我們抓到他了，就是您讓我們原諒他的，可是他現在還沒有改正，您看吧，他又偷錢了。」

當盤珪禪師問清楚了情況之後，寬容的說道：「我看大家還是原諒他吧，再給他一次改過自新的機會吧！」

「不行，他已經偷竊很多次了，我們不能再寬容他了，這次絕對不能原諒他。」

「就是，對他這樣的人，我們原諒他多少次都是沒有用的。」

「我覺得師父您如果不把他開除，我們就集體離開這裡！」很多弟子都開始附和著大嚷起來。

盤珪禪師見弟子們都這麼激動，也不生氣，繼續以寬容的口氣對他的弟子們說：「你們都是他的師兄，你們都是能夠分清是非曲直的人。但是他現在連最起碼的是非都還沒有分清楚，你們應該來幫助他。如果作為師兄的你們都不能幫助他來明辨是非，那到頭來還有誰會來幫助他呢？」

盤珪禪師接著心平氣和的說道：「我決定要把他繼續留在這裡，哪怕你們全部離開我，我也會堅持我的決定。」當眾弟子聽了盤珪禪師的話以後，一個個驚得都說不出話來，他們沒有想到師父真的會為了這個小偷弟子而不要他們。

這個時候，只看見那位偷竊的弟子撲通一聲跪在盤珪禪師的面前，頓時淚流滿面，他開始真心的進行懺悔，並發誓以後絕對不會再這樣了，一定會洗心革面痛改前非的，一定不會辜負師父和眾位師兄的期望。

從此之後，這個偷竊的弟子終於痛改前非，悟出了人生的是非善惡。

既然已經犯下了無法挽回的錯誤，那麼還不如直截了當的承認，這總比尋找無數個理由或者藉口來敷衍要好得多。最起碼自己不會因為要迴避錯誤而尋找更多的藉口。一旦勇敢的承認自己犯下的錯誤，就不會再受到別人的攻擊，也不會再有人來過多的計較。不管是柯林頓還是甘迺迪，他們都沒有因為存在的劣跡而受到嚴重的傷害，恰恰相反的是，他們不但坦然的承認了自己的錯，到最後還成為了改變前途的一個非常好的轉機，並且還贏得了更多人的認可與同情。

做個適度妥協者，別做完美主義者

「人無完人，金無足赤。」由此可知，這個世界根本不存在絕對的完美主義。與其辛苦的追求完美，不如做個適度妥協的人，這樣的話，人就不會活得很累。人們因為在社會中所處的地位各不相同，所以也就扮演著不同的社會角色。但是無論處於一個什麼樣的位置或者狀態都必須得到尊重。

只有那些充分得到尊重的人，才會在維護自我的面子或者形象的過程中精心的呵護別人，並且給予人們最大的精神滿足。所以，為人處世，都不要在刻意追求完美的狀況下為了成全自己而傷害別人。

非常在乎自我形象的公司專案經理傑瑞，決定週末的時候在自己家裡舉辦一個派對。到時候不但可以邀請自己的好朋友過來，而且能夠使原本就很要好的朋友間的關係得到進一步的昇華。這樣也可以順便邀請自己公司的同事和上司，以此來拉近自己與上司之間的關係。

很快的，週末到了。傑瑞的許多朋友、上司、同事都前來參加這個小小的派對。傑瑞與妻子熱情的招待每一位來參加宴席的客人。只是到了餐桌上，卻很快的出現了不愉快的狀況。傑瑞以及他的上司，還有幾位實力比較雄厚的好友同坐一起。豐盛的酒菜很是讓人垂涎，這足以看出傑瑞夫婦是在全心全意的接待客人。只是，站在一旁圍著花圍裙的傑瑞太太不斷的上菜，還不時的往上司的盤子中夾菜，嘴上直說：「沒有什麼好招待的，還望上司見諒！」

傑瑞也時不時的站起來，為上司夾菜，還不斷的為上司更換弄髒了的骨碟。然後將新上的熱菜擺在上司的面前，又十分熱情的為上司添茶續酒，而對其他同事則只是隨便敷衍一下。其他同事見狀，便接二連三的以有事為由起身提前告辭離開。

傑瑞的眼中看到的只是權勢。他怠慢其他人，不但讓自己很難堪，而且也傷害到了其他同事的自尊心與面子。

以權勢來分親疏的關係，實際上是親一時，疏一世。凡是用這樣的方式「套」來的親，是不可能長久的。因為權勢本來就不是永恆的主題，它是多變而又無常的。以此為籌碼的親疏一定不會長遠。但「權勢」確實有用，這在「官本位」的社會思潮盛行時尤其如此。所以一旦能真正做到不以權勢為標準來決定親疏遠近，就已經十分了不起了，這才是真正的參透想開了。

漢代的朱暉，以清廉及重情重義而出名。他還在上學讀書的時候，就已經結識了一位名叫張堪的大官。更巧的是他們還是同鄉，後來他們很熟識了，張堪非常看好朱暉，但朱暉覺得自己只不過是一介書生，不敢與之交往過密。

一次，張堪對朱暉說，你是一個懂得自持的人，也值得人信賴，我願以身家子妻託付於你。朱暉因為張堪是一位德高望重的前輩，而他自己對於這番話也不知道該如何應答，只是很恭敬的拱手行禮，算是答應了。

後來，張堪死了，身後也沒有留下什麼豐厚遺產。其實那個時候的朱暉早已經與張堪沒有什麼來往，但是聽到這個消息之後，朱暉竟千方百計的濟以錢糧，甚至親自前去嘘寒問暖。朱暉的兒子看見後便不解的問道：「父親，我們以前未曾聽過你與張堪有什麼深厚的交往，可你為什麼要這樣善待他的家人呢？」朱暉回答說：「張堪生前對我有知遇之恩，更何況他曾對我有所託付他的家人，我當時已經深深的記在心裡。做人不能把人分成尊卑之等，更不可以欺騙自己。」

人們在社會交往中也應該分清主次，盡可能的做個適度的妥協者，不要過於追求完美，從而給自己的內心增添不必要的煩惱。聰明的人在保證「重點」的時候，絕不會忽略「一般」。除了保證必備的技巧之外，還需要將所面臨的一切問題統一看待。在與別人相處的時候，要做到不卑不亢，自信有度，只有這樣才是最明智的做法，不然，一定會引起他人的反感，導致最後的眾叛親離。

第十章　感恩做人，輕鬆做事

學會感恩做人，首先必須要懂得知恩。既能深切體會父母的養育之恩，又能理解師長的教育之恩，還能回報朋友的幫助之恩。

西方設立感恩節，本身就是在引導人們學會感恩。希望每一個人都能夠在感恩中不斷的成長，不斷的進步。讓每一個人都能以感恩的心對待生命，尊重每一個普通的人，對待每一份平凡的工作，更應該懷著感恩的心來尊重自己。只有知道感恩的人，他們的人生才會多一些精彩，少很多的抱怨。

做人心懷感恩，成才要先成人

感恩是一種良好的傳統美德，也是一種積極的生活態度。無論做人或者做事都應該心存一份感恩。面對得意之時，感恩的心教會我們不忘失意時的苦楚；面對失意之時，感恩又讓我們明白堅強與進取一定會幫助我們渡過難關。時光荏苒、歲月匆匆，短暫的人生轉眼即逝。那麼，我們為何還要計較那麼多？即使過得平平淡淡，也要心懷感恩，認認真真。

明末清初的時候，有個富家子弟叫王仝，從小他就特別喜歡吃餃子，喜歡到幾乎每天都必須得吃上一大碗的程度。但是，他的嘴又特別的挑，一般吃餃子的時候只吃裡面的餡，而把外面的餃子皮偷偷的丟進院子後面的小河裡。

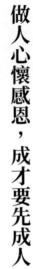

造化弄人，這樣的好日子並沒有過多長時間。就在王仝十六歲那年，一場意外的大火不僅燒毀了家裡所有的東西，還將王仝的父母也帶走了。只剩下可憐的王仝，孤苦無依。他身無分文，但是因為自己一直嬌生慣養，如果要出去討飯吃，自己又覺得很不好意思。這時，善良的鄰居每天都會給他送去一碗熱騰騰的麵疙瘩。後來，王仝在左鄰右舍及親戚的幫助下，他又再次回到學堂，並且也有了一間容得下自己棲身的小茅屋。家庭發生變故之後的王仝發奮讀書，三年後終於考取了功名，回到老家之後，他親自上門感謝那位曾經幫助過自己的鄰居。

那位樸實的鄰家大嬸卻連連推辭道：「千萬別感謝我。我並沒有給你任何東西，那些送給你的麵疙瘩，其實都是我之前在你家後面的小河裡撿回來的你扔掉的餃子皮，只是將它們晒乾以後收在了麻袋，本來想著以備不時之需的。那時候，正好你有需要，就又還給你了。」

這個世界上所發生的事情總是那麼讓人難以預料。此刻的你根本不知道下一刻的自己究竟會在什麼地方，也不知道自己能做些什麼。或許現在的自己生活愜意，條件優越，對各個方面都很滿意，你可以指使或者命令別人為你做這做那，也可以要求別人為你盡力服務。但是，千萬不要失去一個度，因為下一秒的一切都還是未知的。

也許我們的生活孤獨、寂寞了一些；也許我們的衣食住行還差了那麼一點兒；也許我們的願望還沒有實現。但是，在名利地位面前，不要有太多的非分之想。因為我們胸懷坦蕩，我們感恩於上天賜予我們的一切。因為我們心懷感恩，所以我們對人對事，簡簡單單、本本分分。因為我們感恩，所以我們瀟瀟灑灑。

感恩，既是一種圓潤的處世哲學，也是一種完美的生活智慧。人活一世，不可能一帆風順，也不可能一直遭遇坎坷。生活其實就是一面鏡子，你笑，它也笑；你哭，它也哭。各種的失敗與無奈，我們都應該勇敢面對。感恩既不是純粹的心理撫慰，也不是物質的真實回饋，它來自於內心真正的體會，它來自對生活的愛與希望。

學會感恩，學會把自己的愛傳遞給身邊的人，讓他們也和我們一樣能懷著一顆感恩的心去尋找幸福的真諦。當一個人將所有的親情、愛情與友情串聯起來的時候，所有的感情累積在一起就是溫馨的家園。在我們不斷成長的歲月中，難以忘記的是那些深深愛著我們，時刻關心著我們的人。對於他們的付出，我們需要銘記在心，需要感恩。

那麼對於那些素未平生，但卻給過你幫助的人呢？也許更重要的還是在於我們那顆感恩的心。多想想別人對自己的好，常反省自己做得不對的地方，學著感恩，這也是生活幸福快樂，身體健康的良方。所以，每一個人都應該感恩的活著，盡自己最大的可能去做一個知恩、感恩的人。

抬頭看藍藍的天，感恩生命與自然

抬頭仰望藍天，燦爛明媚的陽光、自由飛翔的鳥兒；低頭俯瞰大地，鮮花朵朵開放、小橋流水潺潺。四周巍峨的群山綿延不斷，氣勢磅礡的大江大海呼嘯澎湃。如此美妙的自然萬物，如此壯麗的大好山河，不禁讓人心頭湧起一股感恩的情懷。

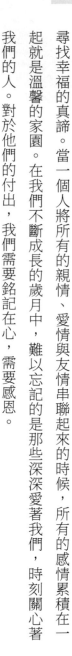

感恩生命，感恩自然。感恩不僅可以讓人的心靈超然，變得越發的寧靜，而且還可以讓我們單調的生活變得更加美麗。一顆感恩的心可以讓我們更加真實的面對生活中的點點滴滴。

一年一度的感恩節又到了。這天，喬治垂頭喪氣的走進教堂，他坐在牧師的面前，向牧師一一訴說著自己的苦楚：「人們都說在感恩節這一天，一定要向上帝表達自己的感恩之心，這樣上帝就可以保佑自己今後的生活會變得更美好！可是現在的我已經一無所有，失業也已經有大半年的時間了。找工作、面試都已經記不清有多少次了，但是依然沒人肯僱用我。所以，我也沒什麼好感謝上帝的了。」

這時牧師開口了：「難道你真的一無所有嗎？」只見喬治點頭回答：「是的。」牧師接著對喬治說：「但是，孩子，你難道不知道上帝是最仁慈的？上帝關心每個人也愛每個人。這樣吧，接下來，我會問你一些問題，希望你用筆和紙將自己的答案分別記錄下來，好嗎？」喬治肯定的點點頭。

牧師便問喬治：「你有妻子嗎？」

喬治回答道：「我有，而且她並沒有因為我們生活的困苦與潦倒而離開我，她依然深深的愛著我。這也就越發的增加了我對她的愧疚感。」

牧師又問：「那你有孩子嗎？」

喬治回答：「我有五個活潑可愛的孩子，雖然我不能提供給他們最好的食物與漂亮的衣服，也不能讓他們受最好的教育，但是我的孩子們都相當的爭氣，他們的成績都很好，而且各自表現得很出色。」

牧師接著問：「那麼，你的胃口怎麼樣呢？」

喬治興奮的回答：「我的胃口簡直棒極了，吃什麼都有滋有味的。但是因為經濟窘迫，我很多時候只能吃到六七分飽。」

牧師再問他：「那麼你睡眠呢，好嗎？」

喬治還是一臉的興奮：「睡眠？哈哈，簡直太好了！每天到了晚上，只要我一碰到枕頭，再睜開眼一定是第二天太陽高掛的時間了。」

牧師見喬治如此興奮，於是接著問他：「那麼，請問你有朋友嗎？」

喬治很高興的說：「我當然有朋友了，而且他們對我也都很好，因為我長期失業在家，所以他們時常過來給予我幫助！而我卻沒有任何東西去報答他們。」牧師笑著又問：「那麼，你的視力又如何呢？」

喬治爽朗的笑了起來：「我的視力也很好，我可以毫不費力的清楚看到遠方的物體。」

這時的牧師笑著點頭說道：「那你現在看看自己手中的紙上都記錄下了什麼？」

喬治低頭看著手中的紙上自己寫下的東西：一、我有一個好妻子；二、我有五個優秀乖巧的孩子；三、我有非常好的胃口；四、我擁有良好的睡眠；五、我有許多好朋友；六、我有非常棒的視力。」

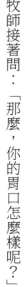

待喬治輕聲讀完紙上所寫的內容之後，牧師微笑著對他說：「恭喜你！你擁有了世界上很多人都不曾完全擁有的東西！感謝上帝！感謝上帝如此保佑你，賜福與你！好了，你可以回去了，記住一定要學會感恩！」

喬治謝過牧師之後，立即趕回家。到家之後，他還一直在默想牧師對他說過的每一句話。突然喬治站了起來，徑直朝鏡子走去，他發現鏡子中的自己：頭髮是如此的凌亂，衣服看上去顯得很髒，臉色憔悴，精神一點都不好……」

後來，喬治把自己精心的裝扮了一下，也盡可能的調整了心態。他也逐漸以一顆感恩的心對待周圍的事與人。很快的，喬治找到了一份薪資待遇都還不錯的工作，開始了他全新的生活。

因為活著，所以我們要學會感恩。如果一個人的心中只有自我，那麼活著等於死去。我們要在感恩中活著，感恩給自己提供發揮空間的企業，感恩那些曾經一直關心、幫助以及愛護我們的朋友、同事，感恩我們的國家，感恩大自然的鬼斧神工。無論何時何地，我們每個人都需要擁有一顆寬容、理解、感恩的心。

擁有感恩之心，時時觸摸幸福

人如果學會了感恩，就能體會到什麼是真正的幸福與快樂。感恩是幸福的源頭，感恩更是快樂的必備因素。假如我們能對生命中所擁有的一切心存感恩的話，那麼一定可以更深刻的理解人生的價值，體味幸福的滋味。

感恩父母，是因為他們給予我們生命，培養我們成長；感恩兄弟姐妹，是因為他們給予我們更多的關懷，讓我們的生命不再孤單，無論走到哪裡都清楚的知道還有血脈相連；感恩朋友，是因為他們給予我們更多的幫助，讓我們在失敗落寞之時能夠有所依靠；感恩同事，是因為他們與我們並肩作戰，讓我們在每天的工作中倍感親切與溫暖。

心存感恩的人，對待周圍的一切都會有一顆善良的心。擁有感恩的心的人，他們忠誠、認真、踏實，他們兢兢業業、一絲不苟。心存感恩，他們生活得更加充實、快樂、幸福。

在一個清靜的小鎮上，住著身體健碩的中年郵差山姆。在他剛滿二十歲的時候，就已經接手了這個小鎮的書信發送工作。每天，他都要往返五十公里的路程。就這樣，日復一日，年復一年，他把每家的好消息、壞消息、開心事、傷心事，一一裝進自己的郵包，再輾轉寄出、收回。時間真的過得好快，一轉眼，山姆已經小鎮上辛勤工作了二十個年頭。

在時間的流淌中很多事早已經物是而人非。唯獨不變的是山姆每天從郵局走到村莊的那條光禿禿的小路依然。從他剛開始來這裡，直到現在，小路的兩旁根本沒有任何的綠色植物，甚至連一顆野生的小草都沒看見過，遇到大風，這裡就會塵土飛揚，黃沙漫天。

山姆心想：「怎麼樣才能夠讓這條貧瘠的小路變得可愛起來，怎樣才能讓路過這裡的人們擁有好的心情？」這個問題，他想了很久。

一天，送完信的山姆，在回郵局的路上，剛好經過一家花店。這時他似乎想到了什麼，立即跳下車子跑進花店，接著就興沖沖的跑了出來，同時手裡多了一小包東西。原來，山姆去花店買了一些野花的種子。第二天，在他送信的時候，他就已經開始了自己的行動。他會一邊走一邊往小路的兩旁撒一些小小的種子。

時間就這樣在山姆的忙碌中一天天的過去。一天，雨後放晴，山姆照例騎著那輛陪伴自己多年的腳踏車去鎮上送信，突然，他發現小路的兩旁隱約出現了紅紅黃黃的小花朵。於是他立刻跳下車子，湊上前一看，果真是自己之前種的小花長出來了，他高興極了！

之後，山姆不斷的為那條小路裝點色彩，他在那條小路上植樹、種草、撒花的種子。時間一天天的過去了，轉眼間，又是二十年光陰，原來的那條光禿禿的小路早已經不見了，出現在人們面前的是一條美麗的花道，一年四季都有花草的點綴。

現在的老郵遞員山姆已經退休了，有年輕的郵遞員接手了他的工作。但是，精神矍鑠的山姆還是每天堅持義務照顧小路兩旁的花花草草。那些花草長得非常好，因此走在這條小路上的每個人的心情都是開心而快樂的。老山姆每次看到路人高興的走過時，他的心裡總會有一種非常滿足的幸福感。

後來，在這裡經常可以看到騎著腳踏車吹著口哨的小郵差們，快樂的來往於小鎮與郵局。在他們身後留下的是快樂、是幸福。

在小路上種花的郵差山姆，他的一生猶如白駒過隙，很是短暫。但是他又為什麼會做出這種為後人創造良好的工作環境的舉動呢？也許其中的原因很多，但是真正的原因是他從內心深處存有感恩之心，他覺得要為自己和他人帶來快樂。

所以，每個人都要學會感恩、懂得感恩。因為心懷感恩，我們才不覺得做每件事都是無聊的，每件事情的順利完成體現的是我們的價值。因為感恩，我們會得到更多的成長與鍛煉的機會。因為感恩，我們可以做很多事，並且從中總得出更多的寶貴經驗。

心懷感恩，不但可以快樂的學習、工作，而且在享受這一過程的時候，我們也會盡心盡力讓我們的人生不斷的充實起來。因為感恩，即使我們在擁有很多的時候，我們也不會忘記與人分享；因為感恩，我們更不可能吝嗇於我們的任何東西，哪怕是感情。因為感恩，我們越來越會用平和的心態看待這個世界。因為感恩，我們多了一份從容，少了許多計較。所以，就讓我們每一個人試著並且盡量學會感恩，擁有一顆感恩的心，我們會時刻感到快樂，幸福也將圍繞在我們的身邊。

對父母常懷感恩心，孝行善行經常做

每個人的生命與成長都離不開父母的支持與關照。健康的生命是父母給予的，健全的家庭是父母創造的，堅強獨立的性格是父母培養的，良好的生活環境是父母營造的，所有的一切在自己還沒有能力承擔之前，都是父母提供給我們的。我們知道，有父母在的那個地方有一個溫暖的名字——「家」。

時間長了，我們把父母給予我們的一切東西，不管是物質的或者是精神的，甚至包括愛，都當成是一種理所當然。對於他們，我們沒有太多的感謝，也沒有太多的抱歉，只是覺得，我們是他們的孩子，他們就應該始終為我們服務，提供我們所需要的一切。但是，我們錯了，對於他們我們更應該去感謝，感謝他們不但給了我們生命，還為我們創造了一切有價值、有意義，充滿生機的事物。所以，對於他們，我們更應該常懷感恩之心，從生活的點滴做起，好好孝敬他們。

顧欣，一個大家都陌生的名字。他短暫的生命僅僅運轉了二十二年。一個多麼年輕的生命，一個多麼燦爛的年紀。儘管短暫，但是他卻在這短短的時間裡綻放出了最美麗的色彩。

顧欣，一個年僅二十二歲的年輕人，他在病魔的摧殘中靜靜的離開了這個美麗的世界。二〇〇五年五月二十八日，剛剛大學畢業開始工作不到三個月的顧欣，正在上班的時候，鼻腔突然流血不止，之後送進醫院檢查竟然患上了白血病。

那天，他哭了。他對一位前來探望的同事說：「我自己倒是不怕什麼，就是擔心我爸媽該怎麼辦？」顧欣的擔心並不是沒有道理的。他的爸媽都是農場的退休工人，這些年的經濟收入，主要靠他們老人家辛苦經營的那個小小的資源回收廠，好不容易盼到了兒子讀完大學，也剛剛找到一份還不錯的工作。他們想：苦日子總算是熬到頭了。

很快的噩耗傳來。當他們聽到自己的兒子患有白血病時，他們澈底崩潰了，心如刀絞。但是可憐的父母為了保住兒子的性命，他們變賣家產，四處借錢來支付兒子高額的醫療費。三十萬支撐著顧欣的病情穩定了五個月，但是到了十一月份的時候，癌細胞四處擴散，病情開始惡化，這時候，顧欣的一封以《誰來拯救我的父母》為題的絕筆書信震撼了無數人的心。信中，有一段內容他是這樣寫的：「每晚，我總要假裝先睡，讓照顧我的父母也能早些休息，我再偷偷的張開眼睛，看著父親母親熟悉卻又憔悴的面容，眼淚不住的往下流……世上不幸的人不止我一個，我想通了生死，所以我不遺憾。只是感恩於父母，心裡反覆的問自己，沒有了我，他們該怎麼繼續活下去。但是我希望父母能夠健康無牽無掛的活著……」在他臨走的時候，他用自己最後的一絲力氣喊出的最後一句話是：「爸爸媽媽，我太愛你們了！下輩子，我把我所有的愛都給你們！都給你們！……」之後，眼角掛著兩行晶瑩的淚水閉上了眼睛！顧欣微笑著走了，因為在他的身後是一片愛的潮湧。

相信看完了顧欣的故事之後，每個人的內心都無法平靜。因為他的懂事，他的感恩之心深深的感動了我們。大多數情況下都是父母為自己的兒女無私奉獻，傾其所有。而這裡，卻是一個生命危在旦夕，所剩時日不多的重症少年，他在死神面前沒有一點的害怕與驚慌。唯一讓他牽掛的卻是父母的未來，多麼懂事乖巧的孩子。

我們每一個人的父母，從我們出生到成長這一個漫長的過程中，不知道遭遇了多少困難，承受過多少壓力與折磨。一個陌生人給予我們一點幫助，甚至都能換來我們甜美的微笑或者一聲暖暖的「謝謝」；那麼，我們的父母呢？他們為了我們不知付出了多少艱辛，但是我們又曾對他們做過什麼？又曾回報過他們什麼？沒有，什麼都沒有。所以，趁我們都還年輕，父母都還健在的時候，盡可能的多為他們做些事情，不要等到「子欲養而親不待」的時候，再去後悔難過、歉疚一輩子。

滴水之恩，當湧泉相報

感恩不需要摻雜絲毫的金錢氣息，它只需要在你得到別人的幫助之後，也能夠將自己虔誠的態度積極的回饋給對方。這種非盈利性的投資不但可以給大家帶來意想不到的精神收穫，而且也會為其增添不少人格魅力的色彩。因為自己的一個小小善舉，卻得到了意想不到的收穫。

在企業當中，有相當一部分員工，他們在事業上稍微有點成績，取得一點成功，就大談特談自己的豐功偉績。當別人提及到他的成功時，他會將成功的原因幾乎全部歸功於自己個人的努力。想想看，一個單槍匹馬的人，怎麼能夠輕易獲得成功？其實，每個人的成功當然與他的個人努力有很大的關係，但是也絕對缺少不了別人所給予的幫助。

工作中的成功，絕對離不開老闆的提攜與同事的幫助。當一個人從普通到優秀再到成功，是需要上司甚至是老闆的賞識與肯定，更離不開同事的大力推薦與扶持。所以，擁有小小成功的人，一定要心存感恩，時刻記住別人曾提供給自己的那些方便。

保險業績做得非常出色的業務員袁俊德向他的總裁提出辭職申請。總裁經過與袁俊德的深入溝通之後，才發現他的辭職是有一定原因的。因為袁俊德心中有一股嚴重的挫敗感，他認為他們的上司對他存有一定的個人成見。因為在公司，上司對他的態度非常嚴厲，即使自己犯的只是一點小小的錯誤也會受到嚴厲的懲罰。

「既定的銷售業績按時完成之後，還要變本加厲的再分給我一些任務，久而久之，我的任務額總是最多的一個。」看著袁俊德憤憤不平的樣子，總裁笑著讓他回答兩個問題：「第一，自從進入本公司，哪一年晉升的最快？第二，今年的收入怎麼樣？」袁俊德竟不假思索的說：「今年的能力提升最快，而且今年的收入也比之前更多。」

聽完袁俊德的控訴之後，總裁微笑著對他說：「其實，你真的應該感謝你的這位『刻薄』的上司。因為是他給了你這麼多做事的機會，為你提供了不斷成長的空間。人的能力基本都是在做事的過程中得到提升的。很多時候人的成功可以說是被逼出來的，正因為有了上司對你的嚴格要求，你才能改變自己，澈底摒棄自己的惰性。行銷產業本來就是屬於那種「鞭策式」的，只有不斷的給業務人員施加壓力才能保證有一定的成績。如果你有完成一百萬的能力，而上司卻只分配給你八十萬的工作，那麼從短期利益上來看，或許會有一丁點兒的收益，但是從長遠的職涯發展來看，幾乎沒有多大的升遷機會。」聽完總裁的話，袁俊德理解的點點頭走出了辦公室。

當你得到某人的幫助或者受到別人的尊重時，一定要試著將自己的感恩表達出來。但是，感恩並不是溜鬚拍馬或者阿諛奉承。真誠的感恩與虛情假意的迎合別人是完全不一樣的。感恩最基本的標準是真誠，它是一個人真實情感的自然流露，不含有任何功利性色彩，也從不苛求別人給予任何回報。

心懷感恩，可以使人的一生變得富足。那些只懂得受恩於人的人，他們的生命會越發的貧瘠。很多時候，也許自己努力付出了，但是得到的卻是冷漠與埋怨。無助的你不知道為什麼會是這樣的結果，你不知道自己今後該向哪個方向前進，不知道現在的自己還需不需要繼續堅持。那麼，請你相信自己，你沒有任何的錯，今後你仍是需要以真實的自己去幫助別人。

如果你想有所作為，那就要知恩圖報，若是沒有什麼更好的可以作為回報，最起碼應該心存感激。西方有位哲人曾經說過：「別人愛我，我愛別人，這是小愛；我愛別人，別人愛我，這才是大愛。」意思就是說，我們每個人的心中都應該有愛。而且還要有大愛，最起碼要從自己做起。就像基督教徒們始終信奉的一句名言：「施比受更有福！」同樣都是在教化人們應該時刻心懷感恩之情。

無論東方文化，抑或是西方文明，無論上古，或者今日，我們都應該繼承前人留給我們的寶貴財富，那就是感恩的傳統美德。要學會感恩、報恩。古訓則有「滴水之恩，當湧泉相報」一說，既然明智的先人們在艱苦的環境中都能夠做到如此，更何況現在能夠生活在如此優越、美好環境中的我們，就不能做出點有涵養的事情嗎？

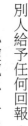

勇敢的面對現實，生活中總有感悟

人的一生經歷得越多，感悟也就越深。有時候，人所遭遇的不幸與坎坷甚至要比經歷過的幸福與甜蜜更加的讓人難以忘懷，這其中的道理似乎並不難理解。

也許當我們還對一些事情處在懵懂期的時候，我們根本無法讀懂「知恥而後勇，知不足而奮進」的真實含義。只是在讀過之後，自己的內心隱約有點小小的悸動。既然我們能夠真實面對現實，那我們就更加需要為了將來的夢想或者是明確的目標去努力奮鬥。

因為我們缺少一些東西，而且我們還想擁有更多的東西，所以我們從中學會了怎樣才能更好的珍惜以及更真實的接受。勇氣真的可以讓我們變得成熟，也能夠讓我們感悟良多。

這是一個發生在二戰結束後的真實故事，故事中的主人公是戰後退伍在家養傷的法國老軍人傑姆。因為戰爭，不幸的傑姆在一次反抗行動中失去了自己的右腿。後來，退伍在家養傷期間，聽說在他們當地的一個偏僻小鎮上有著特別神奇的泉水，如果用那裡的泉水浸泡過之後，就會出現奇蹟，百病可醫。一天，天氣晴朗，陽光明媚。傑姆拄著拐杖，一跛一跛的來到了這個傳說中的小鎮。這時，當地的鎮民帶著同情的口吻說：「真是一個可憐的傢伙，難道他來這裡是要向上帝祈求再有一條腿嗎？」這些話被傑姆聽到了，他轉過身對那些人說：「我來到這裡，並不是向上帝祈求自己能有一條新腿，我很清楚自己的那條健康的腿永遠也不可能再擁有了，我只是想告訴上帝，失去了一條腿之後，我的日子仍然充滿生機。」

多麼機智的回答呀！傑姆在自己受傷失去一條腿之後，依然能夠不屈不撓，勇敢的面對現實。在別人的眼裡，他的遭遇也許是不幸的，但是，真正的幸運與不幸根本沒有什麼清晰的界限，它只是以不同的方式存在於我們身邊。所以，生活中，無論我們擁有什麼或者失去什麼，都應該平靜的接受，冷靜的對待。傑姆雖然少了一條腿，但是他卻多了一顆堅強而又勇敢的心，他能夠直面人生，適時的忘記不幸的過去，不斷的感恩。

成功的時候，也許我們並不需要尋找太多的理由或是藉口面對來自外界的各種聲音。那麼失敗呢？失敗的時候，我們是不是也會像牢籠中的小鳥一樣四處尋找出口。我們應該盡可能的學會感悟，感悟生命的堅強抑或脆弱。當我們失意的時候，可以在錯誤中反省自己，尋找與成功的差距，只要完全不受這種不良情緒的影響，依舊可以從不幸中得到慰藉，獲得溫暖。努力的激發挑戰困難的勇氣，進而獲取更大的前進動力。既然自己做不了一棵參天大樹，那就做一片小小的綠葉，襯托大樹的高大挺拔，綠葉也自有綠葉的風采。

有時候，不幸會給那些意志力堅強的人帶去更為珍貴的東西：昂揚的鬥志、巨大的承受力，還有永遠都不服輸的精神。對於堅強的人來說，不幸可以成就他們，成為推動他們不斷前進的巨大動力；但是對於那些軟弱的人來說，不幸或許就真的是天大的不幸。只要能夠正確面對，相信沒有什麼不可能實現的東西。如果因為一時的不濟，就澈底的放棄努力，那麼也就等於放棄了自己的一生，此時的不幸就很有可能成為一輩子的災難。只要勇敢，只要堅強，所有的困難與不幸的程度都有可能降到最低點。

因為失去，所以更懂得珍惜；因為貧窮，所以更懂得知足；因為困難，所以更懂得突破；因為無奈，所以更懂得理解；因為一無所有，所以更懂得掌握一切。因為經歷過酸、苦、辣；感受過假、惡、醜，所以更珍惜甜，更懂得真、善、美。只有經歷過了摧殘與折磨，才能更真實的接受現實中的平淡與平實。總之，生活給予我們的不可能是一成不變的，偶爾需要享受平靜，偶爾也會為我們平靜的生活製造出絲絲波瀾。痛苦、困惑、艱難、坎坷等一些困難擺在我們面前時，只要你相信，那是老天故意出的難題，是來考驗我們意志力堅強與否的。那麼，相信每個人都會努力再堅持一陣子，也會更加勇敢的面對上天安排的一切，只要不放棄，就一定能夠看到成功的希望。

學會給心靈鬆綁，清理積壓汙染物

人的心田猶如農民辛勤耕種的田地，故有純淨開闊之說，但亦有雜草叢生之地。合適的時間，適當的氣候，都需要及時的鋤草、鬆土。如果想讓人的心靈也像整齊的田地那樣能輕鬆自在的任禾苗茁壯成長，那麼心靈之地也應該及時的給予整理，要學著給自己的心靈鬆綁，合適的時間裡最好對自己的心田進行一次大掃除，將沉積許久的汙染物澈底的清理乾淨。

每個人的慾望總是無休止的增大，為了不斷的滿足自我膨脹的慾望，我們辛苦的付出了太多的精力與時間，同時我們也失去了更多美好的東西。也許我們需要的其實很少，我們並不需要那麼多物質的享受，過多的物質需求只會讓自己過得壓抑而又忙碌。

如果能平靜而又快樂的生活，輕鬆而自在的生命也許更有意義。

出生在貴族家庭的卡文迪許，不但擁有一般人難以獲得的「爵士」稱號，而且還是英格蘭銀行最大的客戶之一，在那裡他擁有大量的存款。但是他的生活卻讓人側目，卡文迪許一輩子都沒有結過婚。生活中的他是一個不修邊幅的人，一門心思都在科學研究上面。

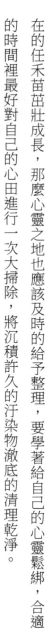

無暇顧及生活瑣事的卡文迪許，從來也不去理會自己衣著穿搭的事情，他的所有衣服基本都是一些已經過時了的款式，而且也滿是皺褶，有很多已經掉了扣子了的，他也不管。一次，他應邀去皇家學會講課，因為時間比較趕，所以，他從沙發上順手抓起了一件在實驗室工作時不甚被硫酸燒壞了的破大衣，看也不看的急忙披在了自己身上。到了之後，竟因為這件破爛大衣被誤認為是個流浪漢而擋在學會的門外。

學會職員說什麼也不肯讓他進去。實在無奈的他，只得硬著頭皮通報了自己的姓名，這時學會職員才連連道歉的請他進去。

生活中的他就是這樣的一個人，在穿衣方面不講究，在吃飯方面更是簡單。一般情況下，他自己一個人簡單的吃，即使在偶爾的請客中有時候也顯得很吝嗇。一次他請了四位科學家與他一起吃飯，但是他只點了一條羊腿。這時站在旁邊的助手不停的笑著提醒：「一隻羊腿怎麼夠五個人吃呀？」這時的他才改口說：「哦，那就準備兩隻吧！」這時，在座的幾位科學家都樂呵呵的笑了。

經常會有人問他：「你那麼有錢，為什麼還那麼寒酸的生活呢？」

卡文迪許輕鬆的笑著說：「我認為科學家的時間應當最少的用在生活上，最多的用在科學上。」

如今能夠像卡文迪許這樣，在具備享受奢華生活的條件下，卻盡可能的過著一種極其簡單生活的人真的是越來越少了。儘管在別人的眼裡，卡文迪許似乎有點傻，完全可以讓自己生活得很舒服，但是卻偏偏選擇一種極簡的生活方式，但這樣的生活狀態反而讓他更快樂、更輕鬆。有一部分人，自己根本不具備條件去過好的生活，但是虛榮與浮華讓他們選擇了不切實際的生活，因此他們活得很累。

皮耶．居禮，世界著名的物理學家。他曾經說過：「我們不得不飲食、睡眠、遊戲、戀愛，也就是說，我們不得不接觸生活中最甜蜜的事情；不過我們必須不屈從於這些事情，在做這些事情的時候，我們仍須保持我們一心從事的一些思考，使它們仍然居於優越地位，使它們在我們的有限的頭腦中繼續冷靜的運行。」這也是告訴我們在享受生活所給予我們的東西的時候，還應該懂得感恩，適當的做出一些回報。在這樣一個世事繁雜的社會，也要學會放棄一些生活中的奢華，給自己的心靈鬆綁，讓自己能夠有更多的精力去追求更高的生活目標，超越現在。

把煩惱驅除心外，避免煩惱變心病

人的所有煩惱與苦悶皆由心生，想要快樂輕鬆的生活，就必須樂觀的面對一切。在驅逐煩惱這方面，可以不斷的嘗試運用快樂調節法，並且還要盡可能的避免過多的煩惱演變成嚴重的心理疾患。

人的心理狀態有兩種比較典型的類型，一種是樂觀的積極心理，具體表現為開心、高興、快樂、興奮等。另外一種就是悲觀的消極心理，具體表現為失望、失落、沮喪、悲傷、難過等。這些都足以影響到我們的生活方式。千萬不要因為一點點的小事而悲傷難過，以至於影響一整天的好心情。

一天午後，又黑又瘦的傑克低著頭來到了一個小酒吧，只見他眉頭緊鎖，一副很不開心的樣子。他坐在吧臺前面，點了好多瓶酒，讓服務生幫他打開後便悶著頭獨自喝起了悶酒。一位服務生見狀，便走上前輕聲問道：「先生，您有什麼煩心事嗎？」

傑克抬頭看了服務生一眼，神情沮喪的說：「上個月，我叔父心臟病復發，因搶救不及去世了。但是，可憐的他沒有妻子，也沒有孩子，所以，在遺囑中，他將自己名下的五千張股票，全部留給了我！」

服務生聽後便耐心的安慰傑克說：「對於你叔父的離世，確實讓人覺得遺憾。但是人死不能復生，而且，你還繼承了你叔父這麼多的股票，應該也不算是一件非常糟糕的事情吧！」

但是傑克突然大聲叫道：「事情並不是這樣的！剛開始我也以為是件好事。但問題是，留給我的五千張股票，全部都是面臨融資催繳、準備斷頭的股票啊！」

看到這裡，也許會有很多人的心情也像傑克那樣，在一陣驚喜之後又跌落到現實的泥坑中難以自拔。確實，在很多時候，我們還沒來得及反應的時候就已經從反覆的情感變化中進進出出了好幾遭。但是，無論遭遇了多大的不幸，都應該試圖去正視自己所處的環境，用一種積極的心態去面對，即使真的遭遇了傑克一樣的境況，只要能夠妥善應對，相信終究會等到「解套」的那一天。

如果因為自己不小心，手指扎到了一根刺，你應該高興的說：「幸虧不是扎在我的眼睛裡！感謝上天！」請時刻記住：你有將煩惱趕走，讓自己變得快樂起來的特殊權利！

美國醫學界的專家們做過這樣一個實驗，他們會讓一些憂鬱症患者根據病情的不同程度服用不同量的安慰劑。這種安慰劑呈粉末狀，它是用水和糖再加上某種色素配製而成的。當患者服用了藥劑之後，他們相信這種藥效能夠起到一定的作用。也就是說，不同的患者，如果對安慰劑的服用持一種樂觀態度，治療的效果就會比較顯著。而那些持有悲觀態度不相信藥效的患者，他們的狀態與樂觀者呈現完全不同的狀態。這也是得到證明的，因為煩惱與悲觀均是由精神層面的不可抑制的內因而起的作用。

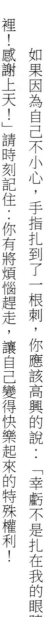

一位粗心大意的鐵路工人，他因為一時的疏忽，竟然將自己意外的反鎖在一節冷凍的車廂裡。他清楚的知道自己是被牢牢的鎖在了冷凍車廂裡，一般情況下，這邊很少會有人來，所以，這次自己肯定是死定了。於是他無數次的懊惱不已，後悔自己當時不應該一個人進來，咒罵自己為什麼沒有把門栓拉出來，這樣也不至於把自己反鎖在裡面。

不知過了多少個小時，當冷凍車廂再次被人打開之後，大家發現這個人已經死了。可是，經過仔細檢查之後，發現這節冷凍車廂的冷凍設置並沒有打開。但是，那位工人確實是死了。後來經過醫學研究發現，他的死因竟是因為他自己不斷的煩惱，過於自責，以至於長時間的鬱悶造成了嚴重的心理傷害，最終自我放棄了求生的意念，就這樣，那位工人在自己製造的極度悲傷中慢慢死去。

可見意念的傷害力是多麼可怕呀！坎伯曾經寫過這樣一句話：「即使我們無法矯治這個苦難的世界，但我們仍能選擇快樂的活著。」堅持樂觀主義的人總會為自己假設無數種成功的可能，他們積極樂觀的做事，心中不存放任何的煩惱，輕鬆上陣。而始終悲觀的人，他們總是帶著憂慮上陣，沉重的思想壓力總是壓得他們喘不過氣來，還沒出發就已經遠遠的落在了別人的後面。這樣的狀態怎能更好的奮鬥，取得最終的勝利呢？

結語

有位哲人曾說過：「人生的所有能力都必須排在態度的後面。」態度是驅動人類的正能量，我們在正向態度的驅使下會覺得自身的潛能非常高，這種潛能一旦被正確的用到生活、學習和工作之中，就會獲得超出我們想像的美好。

即使我們什麼都沒有了，我們還可以靠著樂觀積極的心態繼續生活下去。態度永遠是成功的基石，它可以承載能力，也可作為一種導航的能力。

美國的傳奇人物伍登教練，在十二年的美國籃球聯賽中，為加州大學洛杉磯分校贏過十次冠軍，正是這樣的輝煌成績，使得伍登成為人們公認的最成功的籃球教練。

他的成功，正是靠著他那種對待生活的熱誠態度，伍登教練每天晚上睡覺之前都會對自己說一句：「我今天表現得非常好，而且明天會表現得更好。」

就是這簡簡單單的一句話，他堅持說了二十年，這種堅持不懈的態度，也是常人很難做到的。

就像同樣面對一杯水，有的人會把它倒掉，有的人會把它喝掉，還有的人會利用這杯水做化學實驗，或是澆花，這就是不同的人面對同一件事時的不同態度。

伍登在生活上的積極態度使得他的生活和工作都充滿了激情，而他也因為自己的這種態度收獲了健康的生活方式和豐裕的生活，從這方面也能看出，積極的態度能夠激發出人體內最大的「快樂因素」使得他們在面對問題的時候能夠保持樂觀積極的心態。

無數成功人士的奮鬥歷程都能說明，成功是屬於那些心態積極，態度認真的人的，正是因為這些態度、心態的保持，使得他們獲得了常人難以獲得的利益與成功，也幫助他們事事順利。

其實，態度就是一種力量，一種可以激發我們身體內潛能的力量。我們每個人身上都有著巨大的潛力，之所以稱之為「潛力」，就是因為它們還未被激發出來，一旦激發，就能夠帶給人令人驚嘆的成功，態度就是激發這些潛能的導火索，我們應當意識到這種能量的存在，用積極的態度運用它，由此改變我們的人生。

態度給予人競爭的動力

當今社會，充滿了競爭，想要過田園式無憂無慮的生活幾乎是不可能的，每個人都無可避免的置身在無數競爭之中，結局也無非是成功或失敗。在自然法則的驅使下，每個人都希望自己是強者，希望自己有一天能出人頭地。

為了競爭，很多人開始不斷的學習、求知，想盡辦法積累成功資本。但是，這個過程是漫長、艱苦的，很多人透過努力嘗到了勝利果實，但更多的人只能無情的面對失敗。我們不妨停下奔走的腳步，靜下心想想，究竟是什麼拖延了成功的時間，是盲從，還是懈怠，或是機遇？

此時，不要找客觀的理由為自己辯解，外在因素大都毫無意義，我們要認真的反省自己，找出問題所在。

其實，你面對競爭的態度往往決定著競爭的結果。在競爭的環境中，沒有中立者的位置，要不是進取，獲得成功；不然就是被淘汰，成為成功者的墊腳石。只有擺正了自己的態度，才能讓你在競爭之中勝出，積極的態度就像正能量，將你的競爭力大大提升。

態度讓人腳踏實地

想要腳踏實地的去做事，就要對自己有正確的評價，不能過分高估或貶低，我們將成為什麼樣的人，取決於我們的態度，態度轉變了，人生自然就跟著變了。

上司交給你的任務，可以敷衍著完成，也以認真的完成，還可以超額完成，你的態度不同，工作的品質和速度自然就會不同。

用正確的態度去做的事，總是能得到上司賞識的，將這種正確態度帶來的腳踏實地的做事風格好好保持，成功終將會降臨在你的身上。

無論我們選擇什麼樣的工作和生活，態度都是我們成功的基礎，也就是說：態度決定成敗！正確的人生態度，能夠消除人心中的浮躁之氣，讓人腳踏實地去做事。想要成功，必須有卓越的態度，因為只有這樣，心靈才會更加清晰，人生的發展方向才更明確。

態度開啟幸福人生

人生道路漫長，有開心快樂，就有悲傷憂鬱；有成功，自然就會對應到失敗。如果我們的態度因失敗而變得惡劣，那麼我們就會喪失鬥志和生機，日後的精彩或平靜的人生也會被打亂，變得一團糟。

正所謂「山重水複疑無路，柳暗花明又一村」，只有良好的態度，才能讓我們看到「柳岸」之後的「新村」。我們才能經得起磨難和考驗，最終贏得掌聲和敬意，贏得屬於自己的幸福人生！

我們面對人生的態度越積極，我們的前程就會越光明、越美好，還是那句話，用什麼樣的態度去面對人生，就會擁有什麼樣的人生。

態度讓一切皆有可能

蘇格拉底曾經讓自己的學生每人每天讀一篇文章，之後將讀後感寫出來，學生們都認為這是件簡單得不能再簡單的事情了，但是一年之後，只有柏拉圖堅持下來了，而他，成了偉大的哲學家。

有些人，覺得事情太小而不想去做，不能堅持著去做，抱著輕視的態度，他們卻不明白，很多時候，對小事情的處理方式，決定著我們成功的機率。成功者應當具備鍥而不捨的精神，懂得堅持到底、堅持不懈。

成功需要的不僅僅是滿腔的熱血，更需要一種正確的做事態度，將這種態度堅持下去，才能看到成功的曙光。

眼前有一座山，有的人將它看成擋住去路的山，認為它是沒用的石頭堆積而成的；有的人將它看成擋住陽光的「障礙物」；有的人認為它是蛇出沒的「邪地」；但是有的人卻看出了這山的「商機」，將它開發成旅遊景點，為人為己，達到雙贏。

在別人眼中不可能的事情，被別人蔑視的事情，只要你自己能用正確的態度去做，那麼，一切皆有可能。

電子書購買

國家圖書館出版品預行編目資料

心態導向：放棄那些死要面子、完美主義、失敗經驗帶來的副作用，從現在開始心態轉彎！ / 卓文琦，呂雙波 編著 . -- 第一版 . -- 臺北市 : 財經錢線文化事業有限公司 , 2022.12
面； 公分
POD 版
ISBN 978-957-680-564-6(平裝)
1.CST: 成功法 2.CST: 生活指導
177.2 111019233

心態導向：放棄那些死要面子、完美主義、失敗經驗帶來的副作用，從現在開始心態轉彎！

臉書

編　　著：卓文琦，呂雙波
發 行 人：黃振庭
出 版 者：財經錢線文化事業有限公司
發 行 者：財經錢線文化事業有限公司
E-mail：sonbookservice@gmail.com
粉 絲 頁：https://www.facebook.com/sonbookss/
網　　址：https://sonbook.net/
地　　址：台北市中正區重慶南路一段六十一號八樓 815 室
Rm. 815, 8F., No.61, Sec. 1, Chongqing S. Rd., Zhongzheng Dist., Taipei City 100, Taiwan
電　　話：(02) 2370-3310　　**傳　　真**：(02) 2388-1990
印　　刷：京峯彩色印刷有限公司（京峰數位）
律師顧問：廣華律師事務所 張珮琦律師

定　　價：399 元
發行日期：2022 年 12 月第一版
◎本書以 POD 印製